DAS JAHR IM BILD
1999

Carlsen

1. Auflage 1999
DAS JAHR IM BILD wurde am 31. Oktober 1999 redaktionell abgeschlossen.
Die Monate November und Dezember 1999 erfasst das nächste Jahrbuch.
DAS JAHR IM BILD erscheint seit 1959. Dies ist der 41. Band der Reihe.

Fotos: dpa, Hamburg und Frankfurt (Main)
Gestaltung: Buchholz/Hinsch/Hensinger
Text: Brigitte Beier
Redaktion: Anke Knefel, Till Martin
Gesamtherstellung: Neef+Stumme GmbH & Co. KG, Wittingen
ISBN 3-551-45099-4 · Printed in Germany

INHALT

Das zweite Jahrtausend nach Christi Geburt neigt sich dem Ende zu – ein Grund zur Rückschau, aber auch Anlass, die Zukunftschancen der Menschheit auszuloten.
Auf dem Nullmeridian, der die Weltzeit definiert, ensteht im Londoner Stadtteil Greenwich der Millenium Dome, die größte Halle der Welt mit einem Fassungsvermögen von 35 000 Zuschauern.
Pünktlich zum Jahreswechsel 1999/2000 wird dort eine Ausstellung mit Live-Multimediashow eröffnet, die einen Ausblick auf das neue Jahrtausend bietet. Architekt des Bauwerks, dessen gigantische Teflon-Kuppel von zwölf Pfeilern gehalten wird, ist der Brite Richard Rogers.

Die größte Love-Story des Jahres, wenn nicht des Jahrzehnts – zumindest was den Überraschungseffekt angeht: Die brave deutsche Tennis-Arbeiterin Steffi Graf, die drei Monate nach ihrem furiosen Finalsieg bei den French Open ihren Rückzug vom Profisport verkündet hat, entflammt für den Paradiesvogel der ATP-Szene, den Weltranglistenersten Andre Agassi (USA). Am 18. September zeigen sich die beiden beim Besuch eines Boxkampfes in Las Vegas gemeinsam in der Öffentlichkeit.

1999 ist das Jahr der Erdbebenkatastrophen. Im Januar trifft es Kolumbien, im September Taiwan und die griechische Hauptstadt Athen. Die schlimmsten Zerstörungen erleidet jedoch die Türkei: Mindestens 16 000 Menschen sterben, als am 17. August der Westen des Landes von schweren Erdstößen erschüttert wird. Die Bereitschaft, mit Spenden die Not zu lindern, ist auch in Deutschland groß (Foto aus Sakaria).

Wie eben aus dem Ei geschlüpft – so sieht es aus, wenn ein Flugzeug die Schallmauer durchbricht. Das von der US-Marine veröffentlichte Foto zeigt, wie Lieutenant Ron Candiloro mit seiner F-18 „Hornet“ am 7. Juli mit 1234 Stundenkilometern schneller als der Schall fliegt. Dabei verdrängt das Flugzeug die Luft so stark, dass sich nach hinten eine „Kopfwelle“ ausbreitet, die hier wie ein hoch gestelltes Ei aussieht. Um dieses Phänomen sichtbar zu machen, ist allerdings eine spezielle Kamera erforderlich. Die Luft wird bei dem Vorgang so stark verdichtet, dass Druckwellen entstehen, die sich – wie allseits bekannt – in einem Knall entladen.

Mit der Begründung, eine humanitäre Katastrophe im Kosovo verhindern zu wollen, fliegt die NATO ab dem 24. März Luftangriffe gegen Jugoslawien, bis Milosevic Anfang Juni einlenkt. Danach können Hunderttausende Kosovo-Albaner, die vor dem Terror serbischer Sicherheitskräfte geflohen sind, unter dem Schutz der Kfor-Friedenstruppe zurückkehren (Foto).

Der Schatten des Mondes schiebt sich am 11. August vor die Sonne, und alle starren, mit Schutzbrillen ausgerüstet, in den Himmel – so auch Mitglieder der Schweizer Regierung vom Balkon des Parlamentsgebäudes in Bern.

NOVEMBER

Kanzler Schröder gibt Regierungserklärung ab

Mika Häkkinen gewinnt Formel-1-Weltmeisterschaft

Ölpest durch brennenden Frachter „Pallas“

Vier Wochen dauert es, bis das Feuer auf dem vor der Insel Amrum havarierten Frachter „Pallas“ am 22. November 1998 gelöscht ist. Durch das auslaufende Schwer- und Dieselöl verenden tausende Seevögel. Etwa 8000 sind tot aufgefunden worden, 20 000 treiben noch verölt im Meer.

Die „Pallas“-Katastrophe begann am 25. Oktober. Der unter Bahamas-Flagge fahrende italienische Holzfrachter geriet vor der dänischen Küste in Brand. Während der Schiffskoch in den Flammen umkam, konnten die anderen 16 Besatzungsmitglieder gerettet werden. Alle Versuche, das herrenlos im Meer treibende Schiff abzuschleppen, schlugen fehl, denn der stärkste Schlepper in der Deutschen Bucht, die „Oceanic“, war zunächst nicht vor Ort, und dann verhinderte schwerer Seegang die Bergung.

Seit dem 29. Oktober lag die brennende „Pallas“ vor Amrum auf Grund, am 8. November erreichte das auslaufende Öl die Strände der Insel; auch auf Sylt und Föhr wurde Öl aus dem Havaristen angeschwemmt. Erst mit Hilfe der Hubinsel „Barbara“ aus Rotterdam, die am 16. November vor Amrum eintraf, gelang es, das im Schiffsrumpf verbliebene Öl abzupumpen und den Brand zu löschen. Umweltverbände greifen die rotgrüne schleswig-holsteinische Landesregierung, die die Gefahr offenbar anfangs unterschätzt hatte, wegen ihres miserablen Krisenmanagements scharf an.

Foto: Ein Hubschrauber kreist am 11. November über dem havarierten, brennenden Frachter „Pallas“.

Am 10. November gibt Gerhard Schröder, seit dem 28. Oktober Kanzler der Bundesrepublik Deutschland, vor dem Bundestag seine erste Regierungserklärung ab. Der Chef einer rot-grünen Koalition verspricht eine umfassende Modernisierung von Wirtschaft und Staat bei Wahrung der sozialen Gerechtigkeit. Als Hauptziel seiner Regierung nennt Schröder den Abbau der Arbeitslosigkeit.

Die CDU vollzieht nach der Niederlage bei den Bundestagswahlen vom 27. September einen personellen Neuanfang. Zu ihrem neuen Bundesvorsitzenden bestimmt die Partei am 7. November 1998 den langjährigen „Kronprinzen" Wolfgang Schäuble. Ihm steht als Generalsekretärin die frühere Umweltministerin Angela Merkel zur Seite. Zum Auftakt des Parteitags in Bonn wählen die Delegierten Ex-Bundeskanzler Helmut Kohl, der 25 Jahre an der Spitze der CDU stand, einstimmig zum Ehrenvorsitzenden.

Am 23. November 1998 wird das Bundespräsidialamt in Berlin eingeweiht. Damit nimmt diese oberste Bundesbehörde als erste in der deutschen Hauptstadt die Arbeit auf. 150 Mitarbeiter des Bundespräsidenten sind vom Rhein an die Spree umgezogen. Ihr neuer Arbeitsplatz ist ein eleganter Bau mit ovalem Umriss und einer über alle vier Geschosse offenen Halle (Foto gegenüberliegende Seite).

Jean Marais ist tot. Der französische Schauspieler, der 1933 zum Film kam und in über 60 Streifen mitwirkte, stirbt am 8. November 1998 in Cannes. Seinen steilen Aufstieg in den 40er und 50er Jahren förderte der Regisseur und Dramatiker Jean Cocteau, mit dem er bis zu dessen Tod 1963 auch privat verbunden war. Cocteau schrieb dem blonden Hünen die Rollen auf den Leib. Mit Auftritten in „Die Schöne und die Bestie“ (1946), „Die schrecklichen Eltern“ (1948) und „Orphée“(1950) wurde Marais zum Liebling der Kritiker und des Publikums, das ihn auch als „Graf von Monte Christo“, als „Mann mit der eisernen Maske“ oder als Gangster Fantomas feierte.
Foto oben: Marais wird am 13. November in Vallauris an der Côte d'Azur zu Grabe getragen.

Etwa 15 000 Menschen verlieren ihr Leben, als sich Ende Oktober/Anfang November 1998 der Hurrikan „Mitch“ über Mittelamerika austobt und durch sintflutartige Regenfälle eine Jahrhundertüberschwemmung auslöst. Drei Millionen Menschen werden obdachlos. Besonders schwer betroffen sind Nicaragua und Honduras, die sich am 3. November mit der Bitte um Unterstützung ans Ausland wenden. Da neben der Ernte auch die Infrastruktur zum großen Teil zerstört ist, werden die Länder in ihrer Entwicklung um Jahrzehnte zurückgeworfen.
Weil in Nicaragua und Honduras kein Katastrophenschutz existiert, sind die Bewohner der von schweren Regenfällen betroffenen Gebiete nicht rechtzeitig evakuiert worden. Allein im Nordwesten Nicaraguas sterben bis zu 1500 Menschen, als ein vom Wasser aufgeweichter Hang des Vulkans Casitas ins Rutschen gerät.
1998 geht als Jahr der Naturkatastrophen in die Annalen ein. Weltweit sterben bei Erdbeben, Überschwemmungen und Wirbelstürmen etwa 50 000 Menschen. Schuld an dieser Häufung ist nach Angaben von Meteorologen neben dem Klimaphänomen El Niño die globale Erwärmung.
Foto rechts: Schwere Zerstörungen in Santa Rosa de Aguan im Norden von Honduras.

Bei den Kongresswahlen in den USA am 3. November 1998 können die Republikaner zwar ihre Mehrheit im Senat und im Repräsentantenhaus behaupten. Ihr Kalkül, den Demokraten mit einer Kampagne gegen den von einem Amtsenthebungsverfahren bedrohten Präsidenten Bill Clinton Stimmen abzujagen, geht jedoch nicht auf: Im Senat bleibt die Sitzverteilung unverändert, im Repräsentantenhaus gewinnen die Demokraten fünf Sitze hinzu. Viele Wähler haben dem Präsidenten die Lewinsky-Affäre offenbar schon verziehen. Foto oben: Der Demokrat Daniel Patrick Moynihan (links) lässt sich nach der Wahl zum Senator von New York feiern.

Die populäre russische Reformpolitikerin Galina Starowoitowa wird am 20. November 1998 vor ihrer Wohnung in Sankt Petersburg von Unbekannten mit mehreren Schüssen getötet. Ein Mitarbeiter überlebt den Anschlag schwer verletzt. Die Umstände des Verbrechens deuten auf einen Auftragsmord hin. Die 52-jährige ehemalige Beraterin von Präsident Boris Jelzin war zuletzt damit beschäftigt, Beweise für illegale Wahlkampfspenden an die Kommunisten zu sammeln. Jelzin bezeichnet die Ermordete als „begeisterte Befürworterin der Demokratie“ (Foto rechts von der Gedenkdemonstration am 21. November).

Eines der großen Fernsehereignisse des Winters ist der Dreiteiler „Der Laden", der ab dem 25. November von der ARD ausgestrahlt wird. In ruhige, anheimelnde Bilder setzt Regisseur Jo Baier den gleichnamigen autobiografischen Roman von Erwin Strittmatter um, dessen drei Teile zwischen 1983 und 1992 erschienen. Insbesondere in Ostdeutschland fand das Werk eine große Leserschaft. Erzählt wird über drei Generationen die Geschichte einer Familie, die sich nach dem Ersten Weltkrieg in einem Dorf in der Niederlausitz niederlässt und dort einen Bäckerladen aufmacht. Im Mittelpunkt der Handlung steht Esau Matt, der Bäckerssohn, der nach dem Zweiten Weltkrieg zum Schriftsteller wird. In ihm hat Erwin Strittmatter sein eigenes Schicksal gestaltet. Foto links: Martin Benrath als Großvater und Ole Brandmeyer, der den Esau Matt als Kind spielt.

Nach dem Reichstagsgebäude in Berlin haben sich Christo und Jeanne-Claude nun mehrere kleinere Objekte ausgesucht, um sie zu verkleiden. Bis zum 21. November 1998 haben 163 Bäume im Berowerpark des neuen Beyeler-Museums in Riehen in der Schweiz von dem Künstlerehepaar eine maßgeschneiderte Hülle erhalten. Parallel zeigt das Museum die Ausstellung „Magie der Bäume in der klassischen und zeitgenössischen Kunst".

Der Finne Mika Häkkinen wird Formel-1-Weltmeister. Der McLaren-Mercedes-Pilot krönt den ersten Titelgewinn seiner Karriere am 1. November 1998 durch einen Sieg beim Großen Preis von Japan in Suzuka. Michael Schumacher auf Ferrari büßt durch einen geplatzten rechten Hinterreifen die letzte Chance auf einen dritten Titelgewinn nach 1994 und 1995 ein. Er beendet die Saison als Vizeweltmeister mit 86 Punkten gegenüber 100 Punkten für den siegreichen Häkkinen. Dritter wird der Brite David Coulthard auf McLaren-Mercedes.
Foto oben: Ein jubelnder Häkkinen in der Zielgerade von Suzuka.

Erst im Halbfinale des Mastersturniers unterliegt am 21. November 1998 Steffi Graf (Foto rechts) der US-Amerikanerin Lindsay Davenport in drei Sätzen. Nach einer langen Verletzungspause hatte die 29-jährige Brühlerin ein großartiges Comeback gefeiert: Innerhalb von 19 Tagen stand sie 13-mal auf dem Platz, gewann zwölfmal und schaffte nach Siegen bei den Turnieren in Leipzig und Philadelphia wieder den Sprung unter die ersten Zehn der Tennis-Weltrangliste. Turniersiegerin in New York wird die Schweizerin Martina Hingis durch einen Viersatz-Finalerfolg über Davenport.

DEZEMBER

Bahnerpresser gefasst

Sechs Tote bei Hochseesegelregatta

Clinton besucht Palästinensergebiete

Die Hoffnungen der Palästinenser, dass der ins Stocken geratene Friedensprozess für den Nahen Osten wieder in Gang kommen könnte, richten sich auf Bill Clinton, der am 14. Dezember 1998 als erster US-Präsident den palästinensischen Autonomiegebieten einen Besuch abstattet. Von Israel kommend, landet Clinton mit seiner Frau Hillary auf dem am 24. November eröffneten ersten Flughafen der Palästinensergebiete, Gaza International Airport. Er wird von Palästinenserpräsident Jassir Arafat wie ein Staatsgast empfangen. Wie im Abkommen von Wye Plantation zwischen Israel und den Palästinensern vom 23. Oktober vorgesehen, erklären die Mitglieder des Palästinensischen Nationalkongresses im Beisein des US-Präsidenten die zur Vernichtung Israels aufrufenden Passagen der PLO-Charta per Handzeichen für nichtig.
Am 17. November hat die Knesset, das israelische Parlament, das Abkommen von Wye gebilligt, vier Tage später hat die Armee 28 Ortschaften im besetzten Westjordanland geräumt und der Autonomiebehörde übergeben. Doch Palästinenser-Präsident Jassir Arafat bleibt skeptisch, gilt doch der konservative israelische Ministerpräsident Benjamin Netanjahu als Bremser bei den Friedensbemühungen. Ein Treffen zwischen Arafat, Clinton und Netanjahu am 15. Dezember verläuft ohne greifbare Ergebnisse.
Foto: Arafat mit seiner Frau Suha und Clinton nach der Ankunft des US-Präsidenten auf dem neuen Gaza International Airport.

Zwei Frauen bilden die Doppelspitze von Bündnis 90/Die Grünen: Der Bundesparteitag in Leipzig bestätigt am 12. Dezember 1998 Vorstandssprecherin Gunda Röstel (links) und wählt Antje Radcke als Nachfolgerin von Umweltminister Jürgen Trittin ebenfalls zur Sprecherin.

Mit einer Zigarre bereitet sich Bundeskanzler Schröder auf neue Aufgaben vor. Mit dem EU-Gipfeltreffen in Wien am 11./12. Dezember endet die Ratspräsidentschaft Österreichs, ab Anfang 1999 ist Deutschland an der Reihe. Der Kanzler hat sich mit Äußerungen, er werde dafür sorgen, dass in Brüssel nicht zuviel deutsches Geld „verbraten" werde, nicht nur Freunde gemacht.

Gerade noch rechtzeitig zu den Weihnachtsfeiertagen werden am 22. und 23. Dezember 1998 die mutmaßlichen „Bahn-Erpresser“ gefasst. Die Deutsche Bahn AG hatte am 18. Dezember bekannt gegeben, dass sie seit mehreren Wochen erpresst wird. Die „Freunde der Eisenbahn“ forderten von dem Unternehmen eine Summe von 10 Mio. DM und drohten damit, Gleise zu manipulieren. Mehrere Anschläge auf Bahngleise werden mit dem Erpressungsfall in Zusammenhang gebracht. Bei dem folgenschwersten Unfall – am 18. Dezember entgleiste bei Klein Bünzow nahe Anklam (Kreis Ostvorpommern) ein Güterzug (links) – entstand Sachschaden in Millionenhöhe.
Am 22. Dezember können Beamte des Bundeskriminalamts und der Grenzschutzeinheit GSG 9 den Hauptverdächtigen bei einer fingierten Geldübergabe auf dem Parkplatz einer Autobahnraststätte in Bayern festnehmen. Er sorgt noch einmal für Aufregung mit seiner Behauptung, er habe drei Sprengsätze in den Hauptbahnhöfen von Frankfurt am Main, Hamburg und Nürnberg angebracht. Zwar erweist sich dies als Bluff, doch wegen der Bombendrohung werden die Bahnhöfe (Foto oben: Frankfurt) über Stunden gesperrt, was zu erheblichen Verkehrsbehinderungen führt. Ein zweiter, am 23. Dezember festgenommener Verdächtiger muss wieder auf freien Fuß gesetzt werden.

Bundespräsident Roman Herzog (Foto oben, mit der britischen Königin Elisabeth II.) hält sich in Begleitung seiner Frau Christiane vom 1. bis zum 4. Dezember 1998 zu einem Staatsbesuch in Großbritannien auf. Herzog ist das vierte deutsche Staatsoberhaupt, das nach dem Zweiten Weltkrieg in offizieller Funktion an die Themse reist. Die Queen stellt dem Besucher aus Deutschland jenes goldene Kreuz vor, das nach dem Wiederaufbau die Dresdner Frauenkirche als ein Geschenk Großbritanniens krönen soll. Das Gotteshaus war bei den schweren alliierten Luftangriffen auf Dresden im Februar 1945 zerstört worden.

Zum 50. Jahrestag der Verabschiedung wird die UN-Menschenrechtserklärung weltweit gewürdigt (Foto rechts aus Lissabon, mit dem früheren portugiesischen Präsidenten Mario Soares, links). Bürgerrechtler und Hilfsorganisationen erinnern daran, dass alle UN-Mitgliedstaaten verpflichtet sind, für die Einhaltung der Menschenrechte zu sorgen. Am 10. Dezember 1948 verabschiedete die UN-Vollversammlung die Allgemeine Erklärung der Menschenrechte. Die Deklaration nennt als unveräußerliche Rechte jedes Menschen u.a. das Recht auf Freiheit und Sicherheit der Person, auf freie Meinungsäußerung und Privateigentum. Familie und Wohnung werden für unverletzlich erklärt.

Mit Wunderkerzen feiern weibliche Abgeordnete des Schweizer Parlaments in Bern am 9. Dezember 1998 die Wahl von Ruth Dreifuss zur Bundespräsidentin: Nach genau 150 männlichen Amtsinhabern wird erstmals eine Frau in diese Position gewählt. Die 58-jährige Sozialdemokratin steht damit ab 1. Januar 1999 für ein Jahr an der Spitze der siebenköpfigen Regierung, des Bundesrats.
Die aus beiden Kammern des Parlaments bestehende Vereinigte Bundesversammlung votiert mit 158 von 210 gültigen Stimmen für Dreifuss. Die ehemalige Gewerkschafterin gehört der Schweizer Bundesregierung seit 1993 an und leitet das Innenministerium.
Nach Bekanntgabe des Abstimmungsergebnisses lässt sich die neue Bundespräsidentin vor dem Berner Bundeshaus von mehreren hundert Frauen hochleben.

Ein Airbus A 320-200 der Thai Airways stürzt am 11. Dezember 1998 beim Landeanflug auf den südthailändischen Flughafen Siurat Thani etwa einen Kilometer vom Ziel entfernt in ein Sumpfgebiet, zerschellt und brennt aus (Foto oben). Bei dem Unfall kommen 101 Insassen, darunter drei Deutsche, zu Tode, 45 überleben zum Teil schwer verletzt. Trotz schlechter Sicht hatte der Pilot dreimal versucht zu landen, obwohl das Instrumentenlandesystem des Flughafens ausgefallen sein soll.

„Es tut uns sehr leid um die Menschen und auch um die Tiere, die gelitten haben", erklärt Nuon Chea (rechts), der frühere Chefideologe der Roten Khmer, am 29. Dezember 1998 auf einer Pressekonferenz in der kambodschanischen Hauptstadt Phnom Penh. Nuon Chea und der frühere Staatspräsident Khieu Samphan (links) entschuldigen sich für die Massenmorde – bis zu zwei Millionen Kambodschaner verloren unter der Terrorherrschaft der Roten Khmer 1976 bis 1978 ihr Leben –, lehnen aber eine persönliche Verantwortung ab und rufen dazu auf, einen Schlussstrich unter die Vergangenheit zu ziehen. Der kambodschanische Premierminister Hun Sen sichert Nuon Chea und Khieu Samphan, die drei Tage zuvor den Guerillakampf aufgegeben und sich den Behörden gestellt haben, Straffreiheit zu und schließt ein internationales Tribunal wegen Völkermordes aus.

Bei dem Versuch, im Jemen verschleppte Touristen aus Großbritannien, den USA und Australien zu befreien, kommen am 29. Dezember 1998 vier Geiseln ums Leben, die anderen zwölf werden zum Teil verletzt gerettet. Auch drei Kidnapper werden bei der Aktion der jemenitischen Sicherheitskräfte getötet. Ihr Vorgehen löst heftige internationale Kritik aus. Foto: Ein jemenitischer Offizier im Gespräch mit Touristen, die die Geiselbefreiung überlebten.

Im Rahmen der „Operation Wüstenfuchs" fliegen die USA und Großbritannien vom 16. bis zum 19. Dezember 1998 schwere Luftangriffe gegen den Irak, mit denen sie insbesondere die irakische Rüstungsindustrie treffen wollen. Den Anlass lieferte der Leiter der UNO-Rüstungskontrolleure (UNSCOM) im Irak, Richard Butler (Foto, vor einem Porträt des irakischen Staatspräsidenten Saddam Hussein) mit der Meldung, dass Bagdad weiterhin nicht kooperationsbereit sei. Nach der Niederlage im Golfkrieg 1991 wurden dem Irak Inspektionen seiner Rüstungsanlagen durch die UNSCOM auferlegt.
In den folgenden Wochen kommt es wiederholt zu kleineren militärischen Zwischenfällen, die UNSCOM kehrt jedoch nicht in den Irak zurück. Die Organisation ist nach Bestätigung von Vorwürfen, sie habe sich vom US-Geheimdienst zu Spionagezwecken missbrauchen lassen, diskreditiert.

Bei einem schweren Sturm kommen am 27./28. Dezember 1998 im Verlauf der australischen Hochseeregatta Sydney–Hobart sechs Segler ums Leben. Nahezu 50 werden bei der größten Rettungsaktion in australischen Gewässern mit Hubschraubern aus der tosenden See geborgen. 70 der 110 am zweiten Weihnachtstag gestarteten Yachten geben auf. Winde mit Geschwindigkeiten bis zu 150 km/h und Wellen bis zu 10 m Höhe haben die Katastrophe ausgelöst. Foto: Die verletzte Crew der gekenterten australischen Yacht „Stand Aside" hat eine Rettungsboje ausgeworfen, während sie auf den Rettungshubschrauber wartet.

Umgeben von Geschenken posieren Nkem Chukwu und ihr Ehemann Louis Udobi für die Presse. Die aus Nigeria stammende Frau hat am 20. Dezember 1998 in Houston (Texas) Achtlinge – sechs Mädchen und zwei Jungen – zur Welt gebracht. Eines der Kinder, ein Mädchen, stirbt am 27. Dezember, doch den anderen räumen die Ärzte des Kinderkrankenhauses gute Überlebenschancen ein.

JANUAR

Streit um Trittin und Atommülltransporte

Publikumsliebling Günter Strack stirbt an Herzversagen

Start für die Europäische Währungsunion

Pünktlich um Mitternacht beginnt zum 1. Januar 1999 die Europäische Währungsunion. Für rund 290 Millionen Menschen in elf Ländern Europas – Belgien, Deutschland, Finnland, Frankreich, Irland, Italien, Luxemburg, die Niederlande, Österreich, Portugal, Spanien – ist der Euro von nun an die gemeinsame Währung. Sie kann allerdings zunächst nur im bargeldlosen Zahlungsverkehr genutzt werden. Erst ab 2002 wird auch in bar mit Euro-Geldscheinen und -Münzen bezahlt.

Als letzte Entscheidung vor dem Beginn der Währungsunion haben die Wirtschafts- und Finanzminister der EU am Silvestertag 1998 die Umrechnungskurse des Euro zu den Währungen der Teilnehmerländer festgelegt. Ein Euro entspricht demnach 1,95583 DM.

Die europäische Einheitswährung erlebt einen furiosen Start – der Anfangskurs von 1,1797 US-Dollar wird während des ersten Handelstags an der Frankfurter Börse noch übertroffen –, doch im Verlauf der nächsten Monate verliert der Euro kontinuierlich an Wert und nähert sich der Parität – einen Dollar für einen Euro – an.

Wirtschaftsexperten sehen gleichwohl keinen Anlass zur Besorgnis: Der niedrige Außenwert der europäischen Währung spiegele nur wider, dass die Konjunktur in Euroland im Vergleich zu den USA lahme und dass die Zinsen in Europa demzufolge vergleichsweise niedrig seien. Die Gefahr einer Geldentwertung durch Inflation drohe nicht.

Foto: Lichter in Form des Euro-Signets erleuchten zum Start der europäischen Gemeinschaftswährung die Pariser Börse.

In der serbischen Provinz Kosovo werden am 16. Januar beim Dorf Racak nach Kämpfen zwischen der serbischen Polizei und der UCK, der Befreiungsarmee der Kosovo-Albaner, die Leichen von 45 albanischen Zivilisten gefunden (Foto links). Der Leiter der OSZE-Beobachtermission im Kosovo, William Walker, erklärt, dass die Kosovo-Albaner von serbischen Sicherheitskräften regelrecht hingerichtet worden seien. Er wird daraufhin von Belgrad zur Ausreise aufgefordert. Nach Drohung der NATO mit einem Militärschlag gibt der jugoslawische Präsident Slobodan Milosevic nach und setzt die Ausweisung des OSZE-Diplomaten aus. Nun ist eine internationale Friedenskonferenz zum Kosovo geplant (S. 43).
Das Kosovo ist ein Teil Serbiens, das mit Montenegro die Bundesrepublik Jugoslawien bildet. Bis 1989 – noch in dem von Tito geschaffenen größeren Jugoslawien – genoss die Provinz, deren Bevölkerung zu 90% aus Albanern besteht, weitgehende Autonomie.
Nach der Aufhebung dieses Status kämpften die Kosovo-Albaner über Jahre mit friedlichen Mitteln für größere kulturelle, politische und wirtschaftliche Rechte. 1998 eskalierte die Situation: Massenproteste von Kosovo-Albanern wurden im Februar/März von serbischen Sicherheitskräften brutal niedergeschlagen. In den folgenden Monaten verschärften sich die Auseinandersetzungen, in die ab April auch die UCK eingriff. Sie gab sich mit der Forderung nach Autonomie für das Kosovo nicht zufrieden, sondern versuchte seine Unabhängigkeit mit Waffengewalt zu erkämpfen. Seitdem rechtfertigte die jugoslawische Führung ihr hartes Vorgehen im Kosovo mit den Aktivitäten der UCK.
Vor den Übergriffen serbischer Sicherheitskräfte flohen bis zum Herbst 1998 nach Angaben des UNO-Flüchtlingshilfswerks UNHCR etwa 265 000 Kosovo-Albaner in die Wälder der Provinz oder – zu einem geringeren Teil – nach Albanien.
Im Oktober forderte die NATO die serbische Führung unter Androhung eines Militärschlags ultimativ auf, die Übergriffe einzustellen und ihre Sicherheitseinheiten aus dem Kosovo zurückzuziehen. In letzter Minute lenkte Belgrad ein und erklärte sich bereit, 2000 OSZE-Beobachter in das Kosovo zu lassen. Sie sollten kontrollieren, ob es noch zu Unterdrückungsmaßnahmen gegen die Kosovo-Albaner kam. Zwar kehrten nach dem Abzug serbischer Sicherheitskräfte viele Albaner in ihre Dörfer zurück, doch die Situation blieb instabil.

Zehntausende rumänischer Bergarbeiter streiken, um die Schließung von Gruben zu verhindern und Lohnerhöhungen durchzusetzen. Beim Protestmarsch der Kumpel vom Schiltal nach Budapest kommt es zu schweren Auseinandersetzungen mit der Polizei (Foto oben). Am 22. Januar wird die Krise beigelegt.

Ein nur 50 Sekunden anhaltendes Erdbeben der Stärke sechs auf der Richterskala stürzt das Cauca-Tal westlich der kolumbianischen Hauptstadt Bogotá am Abend des 25. Januar in die Katastrophe: Etwa 2000 Menschen verlieren bei den verheerenden Erdstößen ihr Leben, eine etwa gleich große Zahl wird zum Teil schwer verletzt. Eine Viertelmillion Menschen werden obdachlos. Neben zahlreichen kleineren Dörfern ist die 350 000-Einwohner-Stadt Armenia besonders schwer betroffen. Im Zentrum der Kaffee-Metropole ist es zunächst kaum möglich, sich fortzubewegen. Der Kaffeeanbau, eine der Haupteinnahmequellen des südamerikanischen Landes, wird durch die Naturkatastrophe schwer in Mitleidenschaft gezogen.

Foto: Zerstörungen in einer Kirche der kolumbianischen Stadt Barcelona.

Unter Ausschluss der Öffentlichkeit schließen Prinzessin Caroline von Monaco und Prinz Ernst August von Hannover am 23. Januar den Bund der Ehe. Die standesamtliche Trauung wird im Palast von Monaco vorgenommen. Für Caroline, die am gleichen Tag ihren 42. Geburtstag begeht, ist es die dritte Hochzeit.
Das Paar, das sich wiederholt mit gerichtlichen Mitteln gegen die Berichterstattung in den Medien zur Wehr gesetzt hatte, gibt gleichwohl ein offizielles Hochzeitsfoto (oben) an die Presse.

Schon seit langem sind auch sie – mehr oder weniger heimlich – ein Paar: der britische Thronfolger Prinz Charles und Camilla Parker Bowles (rechts). Am 28. Januar treten sie erstmals gemeinsam in der Öffentlichkeit auf. Unter dem Blitzlichtgewitter von rund 150 Fotografen verlassen Charles und seine langjährige Geliebte kurz vor Mitternacht das Ritz Hotel in London, wo sie an einer Party zum 50. Geburtstag von Camillas Schwester Annabel teilgenommen haben.

Für Wirbel sorgt der grüne Bundesumweltminister Jürgen Trittin (Foto, mit dem britischen Handelsminister Stephen Byers in London) mit seiner Ankündigung, dass bis zum Jahresende die Wiederaufarbeitung deutschen Atommülls per Gesetz verboten werden soll. Zwar kann er sich dabei auf einen am 13. Januar von der rot-grünen Regierungskoalition gefundenen Kompromiss berufen, doch nach hohen Entschädigungsforderungen aus Frankreich und Großbritannien sowie nach Protesten der deutschen Energieunternehmen macht Bundeskanzler Gerhard Schröder einen Rückzieher. Nach der ersten Runde der Energiekonsensgespräche am 26. Januar erklärt der Kanzler, ein solcher Stopp sei nicht machbar. Es dürften so lange abgebrannte Brennstäbe zur Wiederaufarbeitung ins britische Sellafield und ins französische La Hague gebracht werden, bis an den deutschen Atomkraftwerken Zwischenlager gebaut seien. Deutschland ist durch langfristige Verträge daran gebunden, Atommüll nach Großbritannien und Frankreich zu liefern.

Im Rahmen einer sechstägigen USA-Reise trifft Papst Johannes Paul II. am 26. Januar mit Präsident Bill Clinton zusammen, um mit ihm über strittige Themen wie die Irak-Krise, ein gesetzliches Verbot der Abtreibung und die Abschaffung der Todesstrafe zu sprechen.

Nach längerer schwerer Krankheit stirbt 70-jährig August Everding, der Bayerische Staatsintendant und Präsident des Deutschen Bühnenvereins, am 26. Januar in München. Er wird in Truchtlaching (Chiemgau) beigesetzt (Foto oben, mit Everdings Söhnen Marcus, Cornelius, Christoph und Johannes als Sargträgern).

Günter Strack (Archivfoto von 1987 mit Claus-Theo Gärtner bei Dreharbeiten zu „Ein Fall für zwei") erliegt am 19. Januar 69-jährig im fränkischen Münchsteinbach einem Herzversagen. Der schwergewichtige Strack spielte sich in über 400 Fernsehrollen in die Herzen der Zuschauer.

Obwohl angesichts der Mehrheitsverhältnisse in der Bundesversammlung kaum Hoffnungen auf einen Erfolg bestehen, präsentieren die Unionsparteien am 24. Januar mit der parteilosen Wissenschaftlerin Dagmar Schipanski (Foto links) aus Thüringen eine eigene Kandidatin für das Amt des Bundespräsidenten, der am 23. Mai (S. 71) in Berlin gewählt wird: Die Professorin für Festkörperelektronik war 1996 bis 1998 Vorsitzende des Wissenschaftsrats, ist in der Öffentlichkeit jedoch kaum bekannt. CDU und CSU hoffen auf Stimmen von Mitgliedern der Bundesversammlung, die eine Frau bzw. eine Persönlichkeit aus Ostdeutschland als Staatsoberhaupt sehen wollen.

Wie die Schwesterpartei CDU entschließt sich auch die CSU zu einem personellen Neuanfang. Nach der verlorenen Bundestagswahl im September 1998 erklärte der Parteivorsitzende Theo Waigel (Foto oben, links) seinen Verzicht auf eine neuerliche Kandidatur. Zu seinem Nachfolger wählt ein Parteitag in München am 16. Januar mit 93,4% der Stimmen den bayerischen Ministerpräsidenten Edmund Stoiber (Mitte). Erstmals seit dem Tod von Franz Josef Strauß 1988 (auf dem Foto rechts seine Tochter, Staatsministerin Monika Hohlmeier) sind wieder die Ämter des CSU-Vorsitzenden und des bayerischen Regierungschefs in einer Person vereint.

In Champagnerlaune zeigt sich Tennisstar Martina Hingis (Foto oben) am Brighton Beach im australischen Melbourne, nachdem sie am 30. Januar das Finale der Australian Open mit 6:2 und 6:3 gegen die Französin Amélie Mauresmo gewonnen hat. Nach ihrem dritten Grand-Slam-Erfolg in Melbourne gibt sich die 18-jährige Schweizerin wie gewohnt selbstbewusst: „Ich habe ein großes Match gespielt. Viel besser geht es nicht", erklärt sie. Bei den Herren siegt tags darauf der Russe Jewgeni Kafelnikow mit 4:6, 6:0, 6:3 und 7:6 gegen Thomas Enqvist (Schweden).

Nach monatelanger Sanierung wird das Nationaltheater in Weimar, an dem einst Johann Wolfgang von Goethe höchstpersönlich Regie führte, am 30. Januar mit dessen Menschheitsdrama „Faust" wieder eröffnet. In der Inszenierung von Michael Gruber – gespielt werden an einem Abend beide Teile – verkörpert Jürgen Hartmann (Foto rechts) die Titelrolle des Wissenschaftlers, der in seinem Streben nach Wahrheit einen Pakt mit dem Teufel schließt. Gruber gibt Faust Züge seines Schöpfers Goethe.

FEBRUAR

Kurdenproteste nach Öcalan-Festnahme

Deutsche Skispringer triumphieren

Lawinenkatastrophe in den Alpen

Für viele Skitouristen wird der Winterurlaub zum Alptraum: Infolge extrem starker Schneefälle kommt es in den Alpen zu einer Reihe schwerer Lawinenunglücke. Am 9. Februar sterben bei einem Lawinenabgang in den Dörfern Tour und Montroc nahe von Chamonix in den französischen Alpen zwölf Menschen. Mehrere zehntausend Touristen sitzen vor allem in der Schweiz und in Österreich in Urlaubsquartieren tagelang fest. Nachdem sich die Lage am 13. Februar vorübergehend entspannt hat, setzen erneut heftige Schneefälle ein, sodass am 18. Februar wiederum mehrere Bergdörfer in der Schweiz von der Außenwelt abgeschnitten werden. Da zahlreiche Straßen und Schienenstrecken nicht befahrbar sind, müssen die Einwohner und tausende Winterurlauber aus der Luft versorgt werden. Am 21. Februar kommen in der Ortschaft Evolene im Kanton Wallis bei einem Lawinenabgang zwölf Menschen ums Leben.

Das folgenschwerste Lawinenunglück ereignet sich jedoch in Österreich: Am 23./24. Februar sterben in Galtür und im nahe gelegenen Weiler Valzur im Tiroler Paznauntal insgesamt 38 Menschen, darunter 21 deutsche Urlauber. Wegen der weiterhin bestehenden Lawinengefahr wird eine Luftbrücke eingerichtet, über die Urlauber per Hubschrauber aus dem Katastrophengebiet ausgeflogen werden. Insgesamt gibt es im Winter 1998/99 über 80 Lawinentote in den Alpen.

Foto: Blick auf ein von Schneemassen bedrängtes Haus im Schweizer Bergdorf Evolene, über das in der Nacht zum 22. Februar zwei Lawinen hinweggegangen sind.

Die Lawinenunglücke beleben erneut die Diskussion um die Zerstörung der Alpen durch die Tourismusindustrie: Mit der Abholzung von Bergwäldern zugunsten von Skipisten hätten viele Ortschaften ihren natürlichen Schutz vor Lawinen verloren, und in den Touristenzentren hätten viele Gastwirte und Hoteliers durchgesetzt, auch in gefährdeten Gebieten bauen zu dürfen.
Foto oben: Rettungskräfte suchen in den von einer Lawine zerstörten Berghäusern in einem Tal bei Chamonix am 10. Februar nach Überlebenden.
Foto rechts: Nach der Katastrophe gleicht der österreichische Urlaubsort Galtür im Paznauntal einer Geisterstadt.

Die Zeit der öffentlich zur Schau gestellten Zerknirschung, der Selbstanklagen und Entschuldigungen ist vorbei: Der US-Senat spricht Präsident Bill Clinton (Foto links) am 12. Februar von den Vorwürfen des Meineids und der Behinderung der Justiz in der Affäre um die Ex-Praktikantin im Weißen Haus, Monica Lewinsky, frei. Damit ist das von der Republikanischen Partei betriebene Amtsenthebungsverfahren gescheitert. Für die Absetzung des Präsidenten wäre eine Zweidrittelmehrheit erforderlich gewesen, doch in beiden Anklagepunkten befindet nicht einmal die einfache Mehrheit im Senat den Demokraten Clinton für schuldig – obwohl 55 der 100 Senatoren Republikaner sind.

Die Kosovo-Friedenskonferenz auf Schloss Rambouillet wird am 23. Februar auf Mitte März vertagt, ohne dass es zur Annahme des Friedensplans gekommen ist. Er sieht eine Autonomie für das Kosovo, nicht jedoch dessen Unabhängigkeit vor. Der von Russland nicht mitgetragene militärische Teil beinhaltet den Abzug serbischer Sicherheitskräfte, die Stationierung von NATO-Truppen im Kosovo und die Entwaffnung der UCK. Bei Nichtunterzeichnung droht die NATO mit einem Militärschlag (S. 53–55). Seit dem 7. Februar verhandelten Vertreter der UCK und Serbiens in Rambouillet mit der Kontaktgruppe (Foto oben: US-Außenministerin Madeleine Albright).

Die deutsche Fußball-Nationalmannschaft startet in das Länderspieljahr 1999 mit einer Blamage: In einem Freundschaftsspiel unterliegt die Auswahl von Teamchef Erich Ribbeck (Foto oben, rechts) und Trainer Uli Stielike (links) am 6. Februar in Jacksonville (Florida) der US-Nationalmannschaft mit 0:3. Es ist die erste Niederlage einer deutschen Nationalelf gegen die USA. Fünf Monate nachdem Ribbeck bei Übernahme seines Amtes von Berti Vogts einen Neuanfang propagiert hatte, ist Fußball-Deutschland an einem Tiefpunkt angelangt.

Mit einem Feuerwerk feiert sich Weimar am 19. Februar als europäische Kulturhauptstadt des Jahres 1999 – und Goethe und Schiller schauen von ihrem Denkmalssockel auf dem Theaterplatz aus zu. Das thüringische Weimar ist die erste Kulturhauptstadt aus dem ehemaligen Ostblock und mit ihren 60 000 Einwohnern zugleich die bisher kleinste. Die Weimarer erwarten aus diesem Anlass bis zu fünf Millionen Besucher, zumal sich 1999 der Geburtstag Johann Wolfgang von Goethes zum 250. Mal jährt. Geboren ist der Dichter der Weimarer Klassik zwar in Frankfurt am Main, doch schon 1775 zog es ihn an den Hof von Herzog Karl August von Sachsen-Weimar-Eisenach. Bis zu seinem Lebensende blieb Goethe in Weimar, das sich zu einem kulturellen und geistigen Zentrum in Deutschland entwickelte. Seit 1800 lebte hier auch Friedrich Schiller.

Mit einem Punkte-Weltrekord von 161,479 gewinnt die Erfurterin Gunda Niemann-Stirnemann (Foto oben, rechts) vor Claudia Pechstein aus Berlin die Mehrkampf-Weltmeisterschaft im Eisschnelllauf, die bis zum 7. Februar im norwegischen Hamar ausgetragen wird. Über 5000 m stellt sie mit 6:57,24 Minuten einen Einzel-Weltrekord auf.

Bei den alpinen Ski-Weltmeisterschaften, die am 14. Februar in Vail/Colorado (USA) zu Ende gehen, holt der Norweger Lasse Kjus erstmals in der Geschichte der Welttitelkämpfe Medaillen in allen fünf Disziplinen: Gold im Super-G und Riesenslalom, Silber in Slalom, Abfahrt und Kombination (Foto rechts).

Einen Medaillenregen für die deutschen Skispringer gibt es bei den nordischen Ski-Weltmeisterschaften in Bischofshofen: Am 21. Februar holt sich der Schwarzwälder Martin Schmitt (Foto gegenüberliegende Seite, rechts) mit Sprüngen von 126 und 129,5 m den Titel. Einen sensationellen zweiten Platz belegt Sven Hannawald aus Hinterzarten (links) vor dem Japaner Hideharu Miyahira. Auch beim Mannschaftsspringen am 22. Februar ist das deutsche Quartett – Christoph Duffner, Sven Hannawald, Martin Schmitt und Dieter Thoma – erfolgreich. Trotz zweier Stürze von Hannawald und Duffner gewinnt das Team Gold vor den Japanern und den Österreichern.

uvex
reusch

Mit Roland Koch (Foto rechts, Mitte) als Spitzenkandidaten erreicht die CDU bei den Landtagswahlen in Hessen am 7. Februar einen sensationellen Wahlsieg. Nach acht Jahren Rot-Grün kommt wieder eine Koalition aus CDU und FDP in Wiesbaden zum Zuge. Im Vordergrund des Wahlkampfes stand die Unterschriftensammlung der CDU gegen Pläne der Bundesregierung, eine doppelte Staatsbürgerschaft einzuführen. Die rot-grüne Regierungskoalition erhielt bei ihrem Vorhaben Schützenhilfe von Marius Müller-Westernhagen, Boris Becker und Thomas Gottschalk, die sich für eine Anzeigenkampagne zur Verfügung stellten (Foto oben).

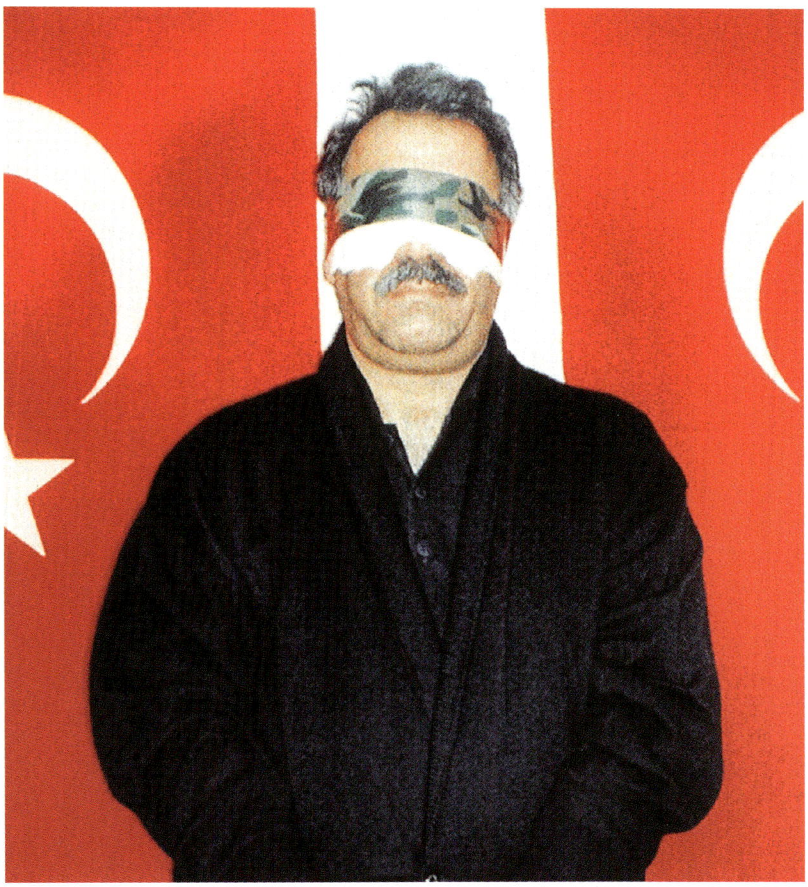

Abdullah Öcalan, der Vorsitzende der kurdischen Arbeiterpartei PKK, die seit 14 Jahren für ein autonomes Kurdistan im Südosten der Türkei kämpft, wird nach einer mehr als fünfmonatigen Odyssee durch verschiedene Staaten am 15. Februar von einem türkischen Kommando aus der kenianischen Hauptstadt Nairobi in die Türkei verschleppt. Der PKK-Chef hatte sich dort zwölf Tage in der griechischen Botschaft aufgehalten, nachdem er Ende Januar mit seinem Privatjet in Griechenland gelandet war. Er soll in der Türkei vor Gericht gestellt werden (S. 82).
Nach der Festnahme Öcalans kommt es in Europa zu teils gewalttätigen Kurdendemonstrationen. In Stuttgart, Düsseldorf, Bonn, Berlin, München, Hamburg, Frankfurt und Leipzig besetzen Kurden griechische und kenianische Botschaften und Konsulate sowie andere Einrichtungen, darunter die SPD-Zentrale in Hamburg. Beim Versuch, das israelische Generalkonsulat in Berlin zu stürmen, werden am 17. Februar drei Kurden von israelischen Sicherheitskräften erschossen. Ein vierter erliegt zehn Tage später seinen Verletzungen.
Foto links: Die Aufnahme Öcalans vor zwei türkischen Fahnen wird nach der Ankunft des PKK-Führers auf der Gefängnisinsel Imrali veröffentlicht.
Foto oben: Ein kurdischer Demonstrant wird von Polizisten in der Nähe des israelischen Konsulats in Berlin abgeführt.

Ein Soldat der chinesischen Volksbefreiungsarmee sitzt am 19. Februar beim Frühlingsfest, der chinesischen Neujahrsfeier, zwischen zwei riesigen Plüschhasen, um sich mit ihnen fotografieren zu lassen. Sein Kamerad wartet schon darauf, selbst an die Reihe zu kommen. Das Jahr des Hasen hat nach dem chinesischen Mondkalender am 16. Februar begonnen. Die Chinesen erhoffen sich vom neuen Jahr – wie von den Astrologen vorhergesagt – Frieden, Stabilität und Wohlstand für ihr Land.

König Hussein II. von Jordanien stirbt am 7. Februar in der jordanischen Hauptstadt Amman im Alter von 63 Jahren. Schon zwei Tage zuvor ist der Monarch nach dem Ausfall mehrerer lebenswichtiger Organe als klinisch tot bezeichnet worden. Hussein hatte sich in den USA einer mehrere Wochen dauernden, offenbar fehlgeschlagenen Krebsbehandlung unterzogen. Hussein wurde 1953 nach der Absetzung seines Vaters Talal zum König des Haschemitenreichs gekrönt. Während er Ende der 60er und in den 70er Jahren wiederholt Aufstände der in seinem Land lebenden Palästinenser von der Armee niederschlagen ließ, galt sein Einsatz später dem nahöstlichen Friedensprozess und der Aussöhnung mit Israel. Im Golfkrieg 1990/91 blieb Jordanien allerdings neutral – anders als die meisten arabischen Staaten, die den Westen in ihrem Militäreinsatz gegen den irakischen Diktator Saddam Hussein unterstützten.

Der in seinem Volk beliebte Monarch wird am 8. Februar in einer ergreifenden Zeremonie (Foto oben) beigesetzt. Unter den Trauergästen aus aller Welt, darunter 40 Staats- und Regierungschefs, ist auch Bundeskanzler Gerhard Schröder.

Neuer König wird Husseins ältester Sohn Abdullah (Foto rechts, vor einem Porträt seines Vaters), der erst am 25. Januar zum Kronprinzen ernannt worden ist. Bis dahin galt Husseins Bruder Prinz Hassan als offizieller Thronerbe.

MÄRZ

Lafontaine von allen Ämtern zurückgetreten

Erste Weltumrundung mit dem Ballon

Kosovo-Krise mündet in Krieg

Die NATO beginnt am 24. März mit Luftangriffen auf Ziele in Jugoslawien. Gegen 20 Uhr werfen NATO-Kampfflugzeuge Bomben auf militärische Ziele bei Belgrad, Novi Sad und in Montenegro ab. Von Schiffen in der Adria werden Marschflugkörper abgeschossen. Die Angriffe werden in den nächsten Tagen und Wochen intensiviert.
Vor dem Einsatzbefehl waren letzte Bemühungen um eine diplomatische Lösung des Kosovokonflikts gescheitert. Der im Februar auf der Konferenz in Rambouillet Vertretern der Kosovo-Albaner und der serbischen Führung vorgelegte Friedensplan war Thema auch der zweiten Runde, die am 15. März mit dem Eintreffen der Delegationen in Paris begann. Der Plan sah u.a. eine weitgehende Autonomie des Kosovo innerhalb des jugoslawischen Staatsverbandes und die Stationierung von NATO-Truppen in der Krisenprovinz zum Schutz der dort lebenden Albaner vor serbischen Übergriffen vor. Während die Kosovo-Albaner ihn am 18. März unterzeichneten, lehnte die serbische Seite trotz der Kriegsdrohung der NATO die Unterschrift ab. Auch Russland war mit dem militärischen Teil des Plans nicht einverstanden: Moskau beharrte auf einem UNO-Mandat für eine internationale, nicht von der NATO getragene Kosovo-Friedenstruppe. Mit den Luftangriffen entschließt sich die NATO im 50. Jahr ihres Bestehens erstmals, einen souveränen Staat anzugreifen. Sie will damit nach eigenem Bekunden eine humanitäre Katastrophe im Kosovo verhindern.
Foto: Start eines US-Tarnkappen-Kampfbombers Richtung Jugoslawien.

Erstmals seit dem Zweiten Weltkrieg nehmen deutsche Soldaten an Kampfhandlungen teil: Piloten der Bundeswehr fliegen von Italien aus Tornado-Einsätze auf Ziele in Jugoslawien. Sie kehren alle sicher zu ihren Stützpunkten zurück (Foto vom Luftwaffenstützpunkt San Damiano).

Der russische Ministerpräsident Jewgeni Primakow (Foto, mit dem jugoslawischen Präsidenten Slobodan Milosevic, rechts) reist am 30. März als Vermittler nach Belgrad. Das von Primakow nach Bonn überbrachte serbische Verhandlungsangebot weist Bundeskanzler Gerhard Schröder zurück, da die Serben erst nach dem Stopp der Luftangriffe zu Gesprächen bereit sind.

Die Übergriffe serbischer Soldaten, Polizisten und Paramilitärs auf Kosovo-Albaner nehmen nach Beginn der NATO-Luftangriffe an Brutalität zu: Ganze Dörfer werden geplündert und niedergebrannt (Foto oben: Sechishte in der Nähe der makedonischen Grenze), ihre Bewohner werden misshandelt und vertrieben. Zehntausende Kosovo-Albaner suchen Schutz in den Wäldern oder fliehen in die Nachbarländer Makedonien und Albanien (Foto links). Allein am 27. März kommen 20 000 Menschen aus der Krisenprovinz nach Albanien. Nach Angaben des UNO-Flüchtlingshilfswerks UNHCR sind Ende März mehr als eine halbe Million Kosovo-Albaner auf der Flucht (S. 66).

In einer feierlichen Zeremonie in Independence/Missouri (USA) treten Polen, Tschechien und Ungarn am 12. März der NATO bei. Damit erhöht sich die Zahl der Mitglieder des Nordatlantikpakts auf 19. Die Initiative zur Aufnahme von Staaten, die früher dem Warschauer Pakt angehört hatten, in das westliche Militärbündnis war 1993 von der deutschen Bundesregierung ausgegangen. Mittlerweile hat Russland seinen Widerstand gegen die NATO-Osterweiterung aufgegeben. Foto oben: US-Außenministerin Madeleine Albright mit den Außenministern (von links) Jan Kavan (Tschechien), Janos Martonyi (Ungarn) und Bronislaw Gremek (Polen).

Oskar Lafontaine tritt am 11. März völlig überraschend als Bundesfinanzminister wie auch als Vorsitzender der SPD zurück. Vorausgegangen ist am Vortag ein heftiger Streit im Kabinett, in dem Bundeskanzler Gerhard Schröder die „wirtschaftsunfreundliche Politik“ Lafontaines gerügt hatte. Der Saarländer zeigt sich zwei Tage nach dem Rücktritt den wartenden Journalisten auf dem Balkon seines Privathauses mit seinem zweijährigen Sohn Carl Maurice (Foto). Später erklärt er, Ursache für seinen völligen Rückzug aus der Politik sei das „schlechte Mannschaftsspiel“ in der Regierung.

Die Freiheitliche Partei (FPÖ) des Rechtspopulisten Jörg Haider wird bei den Landtagswahlen am 7. März erstmals zur stärksten politischen Kraft in einem österreichischen Bundesland. In Kärnten erhält sie 42,1% der Stimmen vor den Sozialdemokraten mit 32,9% und der konservativen ÖVP mit 20,7%. Am 8. April wird der 49-jährige Haider, der die einst liberale FPÖ auf einen scharfen Rechtskurs gesteuert hat, zum zweiten Mal nach 1989 zum Landeshauptmann (Ministerpräsidenten) von Kärnten gewählt.

Die Lordrichter des Oberhauses, die als höchstes britisches Gericht fungieren, entscheiden am 24. März mit sechs zu eins Stimmen erneut gegen den chilenischen Ex-Diktator Augusto Pinochet, der sich seit Mitte Oktober 1998 in Großbritannien in Polizeigewahrsam befindet. Dem 82-jährigen General werden schwere Menschenrechtsverletzungen während seiner Amtszeit zur Last gelegt. Die Lordrichter urteilen nun, dass Pinochet auch als ehemaliger Staatschef keinen Schutz vor Strafverfolgung genieße. Allerdings dürfe er nach den britischen Gesetzen nur für nach 1988 begangene Straftaten belangt werden. Spanien fordert die Auslieferung des früheren Juntachefs. Foto oben: Jubel bei den Pinochet-Gegnern.

Die erste Umrundung der Erde mit einem Heißluftballon gelingt dem Schweizer Psychiater Bertrand Piccard und seinem Kopiloten, dem Briten Brian Jones. Die beiden Ballonfahrer starten am 1. März mit dem „Breitling Orbiter 3“ in der Schweiz und passieren nach 19 Tagen, einer Stunde und 49 Minuten über Mauretanien in Westafrika die imaginäre Ziellinie, den 9. Längengrad West. Am 21. März landen Piccard und Jones in Ägypten westlich von Luxor. In den Monaten zuvor waren mehrere Versuche des Teams und anderer Ballonfahrer gescheitert, doch nun sorgen günstige Winde – Meteorologen leiten den Ballon von Jet-Stream zu Jet-Stream – dafür, dass „Breitling Orbiter 3“ ohne größere Zwischenfälle in knapp drei Wochen über vier Kontinente und zwei Weltmeere getrieben wird. Das Foto zeigt den Ballon kurz nach dem Start über den Schweizer Alpen.

Bei einem Großbrand im Montblanc-Tunnel zwischen Frankreich und Italien sterben mindestens 40 Menschen. Am 24. März gerät ein belgischer Lastwagen in Brand, und von der riesigen Flammenwolke in der Mitte des Tunnels werden offenbar in Windeseile 34 Lastwagen und Personenwagen erfasst. Es dauert mehr als drei Tage, bis das Feuer vollständig gelöscht ist. Gegen die italienische Tunnel-Betreibergesellschaft werden schwere Vorwürfe wegen angeblicher technischer Mängel laut. Der Tunnel wird voraussichtlich über ein Jahr gesperrt bleiben.
Foto oben vom 28. März: Ein ausgebrannter Lastwagen wird von einem Bulldozer aus dem Tunnel gezogen.

Erstmals in der Geschichte der EU tritt am 16. März die Europäische Kommission geschlossen zurück. Auslöser für den Schritt ist ein am Vortag in Brüssel veröffentlichter Untersuchungsbericht unabhängiger Juristen und Rechnungsprüfer, die den 20 Kommissaren bescheinigen, sie hätten die Kontrolle über Verwaltung und Finanzen der EU verloren. Die unabhängige Expertengruppe wurde eingesetzt, nachdem schwere Vorwürfe wegen des Verdachts der Korruption und der Vetternwirtschaft gegen einzelne Kommissionsmitglieder laut geworden waren, insbesondere gegen den Spanier Manuel Marin und die Französin Edith Cresson (Foto rechts).

Der frühere italienische Ministerpräsident Romano Prodi (Foto links) soll Nachfolger des Luxemburgers Jacques Santer werden, der mit der gesamten EU-Kommission als deren Präsident zurückgetreten ist. Darauf verständigen sich die EU-Staats- und Regierungschefs am 24. März auf ihrem Sondergipfel in Berlin.

Nach 20stündigen, zähen Verhandlungen finden die 15 Staats- und Regierungschefs der EU auf ihrem Gipfeltreffen in Berlin am 26. März einen Kompromiss und einigen sich auf die konkrete Ausgestaltung des Reformpakets Agenda 2000. Darin wird der Finanzrahmen für die Europäische Union bis zum Jahr 2006 abgesteckt. Mit der Agenda 2000 wird die Voraussetzung für die geplante Erweiterung der EU um Beitrittskandidaten aus dem ehemaligen Ostblock geschaffen. Insbesondere den Landwirten werden Einschnitte bei den Subventionen im Rahmen der EU-Agrarpolitik zugemutet. Am 24. März demonstrieren rund 4000 Bauern mit ihren Treckern in Berlin (Foto oben).

DUST

Die britische Soul-Sängerin Dusty Springfield, die ihre große Zeit in den 60er Jahren hatte, stirbt am 3. März im Alter von 59 Jahren. Sie wird am 12. März in einer feierlichen Zeremonie in ihrem Wohnort Henley-on-Thames zur letzten Ruhe geleitet. Der seit längerem schwer kranke Schlagerstar hatte noch kurz vor dem Tod die Gestaltung der Trauerfeier selbst festgelegt: Zwei Rappen zogen die Trauerkutsche zur alten Dorfkirche St. Mary the Virgin, wo während des Gottesdienstes u.a. Dusty Springfields großer Hit „What have I done to deserve this" erklang. Die Trauerrede hielt ihre alte Freundin und Weggefährtin Lulu, die ebenfalls in den 60er Jahren Erfolge gefeiert hatte. Foto links: Sargträger mit Blumengestecken, die den Namen „Dusty" bilden.

Hollywood-Regisseur Stanley Kubrick (undatiertes Archivfoto) stirbt am 7. März im Alter von 70 Jahren in seinem Haus bei Harpenden (Großbritannien). Zu seinen bekanntesten Werken gehören der Historienfilm „Spartacus", das Science-Fiction-Epos „2001 – Odyssee im Weltraum", das wegen seiner Gewaltdarstellungen umstrittene Werk „Clockwork Orange" und der Horrorstreifen „Shining" mit Jack Nicholson.

Schon als Elfjähriger wurde der Geiger Yehudi Menuhin 1927 bei einem Auftritt in New York umjubelt. Zwei Jahre später feierte er auf seiner ersten Europatournee Triumphe. Menuhin (Archivfoto oben von 1997) blieb seinem Instrument treu, trat ab den 60er Jahren aber auch als Dirigent auf. Am 12. März stirbt der Musiker 82-jährig in einem Berliner Krankenhaus.

Star der Oscar-Verleihung am 21. März in Hollywood ist der Italiener Roberto Benigni (Foto rechts), der für „Das Leben ist schön" als bester Hauptdarsteller ausgezeichnet wird. Benigni führte bei der im KZ spielenden Tragikomödie selbst Regie.

APRIL

Streit um 630-Mark-Jobs und Ökosteuer

Massenflucht aus dem Kosovo

Parlamentarier tagen unter gläserner Kuppel

Als „Rückkehr in die deutsche Geschichte" bezeichnet Bundeskanzler Gerhard Schröder in seiner Regierungserklärung die Verlagerung des deutschen Parlamentssitzes von Bonn nach Berlin, die mit der Bundestagssitzung im Plenarsaal des Reichstagsgebäudes am 19. April offiziell vollzogen wird. In der anschließenden Debatte betonen Abgeordnete aller Fraktionen, dass der Ortswechsel keinen politischen Richtungswechsel darstelle.

Rechtzeitig vor dem Umzug der Parlamentarier sind an dem 1884–1894 von Paul Wallot im Stil der Gründerzeit errichteten Reichstagsgebäude die Umbauarbeiten abgeschlossen, die unter Federführung von Sir Norman Foster seit 1995 durchgeführt wurden. Der britische Stararchitekt ließ alle Einbauten aus den 60er Jahren entfernen und die Substanz des Originalbaus konservieren. Spektakulärste Neuerung ist die weithin sichtbare gläserne Kuppel, die schon vor der Fertigstellung zum neuen Wahrzeichen der deutschen Hauptstadt geworden ist.

Über eine spiralförmige Rampe innen begehbar, bietet sie nicht nur den schönsten Ausblick auf den Parlamentsbau, sie erfüllt auch Funktionen der Belichtung und Klimatisierung: Ein Trichter mit 360 Spiegelelementen lenkt Tageslicht in den darunter liegenden Plenarsaal und leitet verbrauchte Luft nach außen.

Foto: Abgeordnete in der gläsernen Kuppel. Im Hintergrund ist der Turm des historischen Gebäudes erkennbar, auf dem die deutsche Fahne weht. Der Umbau hat insgesamt 600 Mio. DM gekostet.

Zwar legt die deutsche Bundesregierung Mitte April einen Friedensplan für das Kosovo (S. 53) unter Einbindung Russlands und der UNO vor, doch die Situation eskaliert zunächst noch. Die albanische Bevölkerungsmehrheit wird von serbischen Truppen und Paramilitärs systematisch aus der Provinz vertrieben, Häuser werden gebrandschatzt und geplündert. In langen Trecks kommen die Menschen nach Albanien und Makedonien und berichten von Misshandlungen, Vergewaltigungen, Hinrichtungen und von Festnahmen der Männer aus den Konvois. In den Flüchtlingslagern (Foto aus Blace/Makedonien) herrschen teils chaotische Zustände. Bis Ende April treffen bis zu 750 000 Kosovo-Albaner in den Nachbarländern ein.
Die NATO steigert die Zahl ihrer Luftangriffe auf Ziele in Serbien und Montenegro bis Ende April auf 600 pro Tag, lehnt den Einsatz von Bodentruppen aber ab. Bombardiert werden neben rein militärischen Einrichtungen u.a. Brücken, Raffinerien und Fabriken, aber auch Regierungsgebäude und die Medienzentrale in Belgrad. Wiederholt kommt es zu sog. Kollateralschäden, also unbeabsichtigten Todesopfern unter der Zivilbevölkerung. Der folgenschwerste Fall ereignet sich am 14. April, als bei einem versehentlichen NATO-Angriff auf einen Flüchtlingstreck im Kosovo 75 Menschen sterben.

Bei einem Bombenanschlag auf ein Homosexuellenlokal am 30. April in der Old Compton Street im Londoner Stadtteil Soho sterben drei Menschen, mehr als 70 Personen werden zum Teil lebensgefährlich verletzt. Foto oben: Die Polizei sperrt den Tatort ab.

Zwei amerikanische Jugendliche richten am 20. April in ihrer Schule in Littleton/Colorado ein Blutbad an: Die maskierten Jungen stürmen, mit Gewehren und Sprengsätzen bewaffnet, die Columbine High School und eröffnen das Feuer. Sie töten zwölf Schüler und einen Lehrer und verletzen 20 weitere Personen. Anschließend richten sie sich selbst. Foto rechts: Entsetzen unter den Überlebenden.

Zum 1. April treten Änderungen bei den 630-Mark-Jobs in Kraft, mit denen die Bundesregierung die Zahl der geringfügigen Beschäftigungsverhältnisse eindämmen und die Sozialversicherungssysteme entlasten will. An die Stelle der vom Arbeitgeber gezahlten Pauschalsteuer treten Pauschalbeiträge zur Renten- und Krankenversicherung. Geringfügige Nebenjobs sind künftig voll sozialversicherungspflichtig und somit häufig finanziell unattraktiv. Insbesondere aus Branchen mit einem hohen Anteil an Minijobs wie Einzelhandel und Gaststättengewerbe erhebt sich lautstarker Protest. Foto: Zeitungsausträger, tätig auf 630-Mark-Basis.

Beim Absturz eines Zuges der Wuppertaler Schwebebahn werden am 12. April drei Fahrgäste getötet und 47 zum Teil schwer verletzt. Ursache des Unglücks ist eine Montagekralle, die nach Abschluss von Wartungsarbeiten nicht entfernt wurde. Beim Zusammenstoß mit dem Hindernis springt der voll besetzte Doppelwagen aus der Führungsschiene und stürzt aus acht Metern Höhe in die Wupper. Die Schwebebahn galt bisher als eines der sichersten Verkehrsmittel der Welt. Die Staatsanwaltschaft leitet Ermittlungen wegen des Verdachts auf fahrlässige Tötung ein. Foto oben: Bergung des Unglückszugs.

Zum 1. April tritt die erste Stufe des von der rot-grünen Bundesregierung ausgearbeiteten Steuerentlastungsgesetzes in Kraft. Sie beinhaltet eine Nettoentlastung der Steuerzahler um 20,5 Mrd. DM, die insbesondere Arbeitnehmern und Familien zugute kommen soll, und den Einstieg in die Ökosteuer. Die Benzinpreise steigen um sechs Pfennig je Liter.

Überraschend erklärt Katja Seizinger am 23. April nach zehnmonatiger Verletzungspause ihren Rücktritt vom aktiven Wettkampfsport. Mit drei olympischen Goldmedaillen und zwei gewonnenen Gesamtweltcups ist sie die erfolgreichste deutsche alpine Skisportlerin überhaupt.

MAI

Triumph und Niederlage für Bayern München

„Homosexuellenehe" in Hamburg

Johannes Rau zum Bundespräsidenten gewählt

Der 68-jährige Johannes Rau ist am Ziel seiner Wünsche: Am 23. Mai wählt die Bundesversammlung den Sozialdemokraten, der sich 1993 schon einmal vergeblich um das höchste Staatsamt beworben hatte, zum Bundespräsidenten.
Der langjährige Regierungschef von Nordrhein-Westfalen (1978–1998) tritt am 1. Juli die Nachfolge von Roman Herzog an. Gewählt wird das deutsche Staatsoberhaupt von der Bundesversammlung, die sich aus sämtlichen Abgeordneten des Bundestags und – in gleicher Zahlenstärke – aus den Abgesandten der Parlamente der 16 Bundesländer zusammensetzt. Von den 1338 Mitgliedern stimmen im ersten Wahlgang 657 für Rau, die von der CDU/CSU nominierte ostdeutsche Wissenschaftlerin Dagmar Schipanski erhält 588, die für die PDS kandidierende Theologin Uta Ranke-Heinemann 69 Stimmen. Da Rau die absolute Mehrheit knapp verfehlt, ist ein zweiter Wahlgang erforderlich, der dann die Entscheidung bringt. Dank des veränderten Stimmverhaltens der FDP-Delegierten – sie hatten im ersten Wahlgang noch für Schipanski votiert bzw. sich der Stimme enthalten, im zweiten Wahlgang ist die Abstimmung freigegeben – erhält Rau mit insgesamt 690 Stimmen die absolute Mehrheit. In einem dritten Wahlgang wäre ohnehin die einfache Mehrheit ausreichend gewesen.
Rau ist nach Gustav Heinemann der zweite Sozialdemokrat, der das Bundespräsidentenamt übernimmt. Er kandidiert gegen dessen Tochter und ist mit dessen Enkelin Christina (Foto links, in der Kuppel des Reichstagsgebäudes) verheiratet.

Im Mai steht der Konflikt auf dem Balkan (S. 65) im Zeichen verstärkter Bemühungen um eine diplomatische Lösung bei gleichzeitiger Verschärfung der NATO-Luftangriffe auf Ziele in Jugoslawien. Dabei wird erstmals mit Grafitbomben das Stromnetz lahm gelegt. Wiederholt gibt es Opfer in der Zivilbevölkerung, so am 10. Mai beim Abwurf von Streubomben auf ein Industriegebiet der Stadt Cacak, bei dem vier Zivilisten sterben (Foto oben).
Ein schwer wiegender Fehler in der NATO-Zielplanung ereignet sich am 7. Mai: Eine Bombe fällt auf die chinesische Botschaft in Belgrad und tötet drei Menschen. Großdemonstrationen gegen westliche Einrichtungen in China sind die

Reaktion (Foto oben: Soldaten schützen die US-Botschaft in Peking).
Durch den Zwischenfall werden die Bemühungen um eine Beendigung des Kriegs zurückgeworfen. Am Tag vor dem Angriff hatten sich der Westen und Russland in Bonn auf dem G-8-Außenministertreffen grundsätzlich darauf verständigt, russische Soldaten nach Kriegsende an einer Schutztruppe für das Kosovo unter UNO-Dach zu beteiligen. Danach reisen u.a. der russische Balkanbeauftragte Viktor Tschernomyrdin und der finnische Staatspräsident Martti Ahtisaari (Foto gegenüberliegende Seite) nach Belgrad, um den jugoslawischen Präsidenten Slobodan Milosevic zum Einlenken zu bewegen.

Während Bundesaußenminister Joschka Fischer innerhalb der NATO-Staaten für seine Friedensinitiative Anerkennung erntet, herrscht in Teilen seiner grünen Partei Unmut, dass Deutschland ausgerechnet unter einer rot-grünen Bundesregierung an einer kriegerischen Auseinandersetzung beteiligt ist. Viele Bündnisgrüne sehen in dem NATO-Angriff einen Bruch des Völkerrechts. Gleichwohl erhält Fischer auf einem Sonderparteitag am 13. Mai von 444 der 800 Delegierten Unterstützung für seinen Kurs. Das Treffen wird von Angehörigen der autonomen Szene massiv gestört, den Außenminister trifft ein Farbbeutel am Ohr (Foto links).

Bei den schwersten Tornados in den USA seit über einem Jahrzehnt, die insbesondere die Bundesstaaten Oklahoma und Kansas verwüsten, sterben am 3. Mai 49 Menschen, etwa 650 werden verletzt. Allein in Oklahoma City beläuft sich der Sachschaden auf über eine Milliarde Dollar.
Einer der Wirbelstürme erreicht eine Windgeschwindigkeit von 508,8 Stundenkilometern und ist damit der stärkste, der jemals weltweit von Meteorologen gemessen wurde. Verursacher der ungewöhnlich heftigen und zahlreichen Tornados in den USA – wie auch des Hurrikans „Mitch", der im Herbst 1998 über Mittelamerika hinwegraste (S. 18) – ist das Klimaphänomen El Niño oder, genauer, seine Nachfolgerin La Niña, die im Sommer 1998 für eine neuerliche Umkehr der Meeresströmungen und Temperaturverteilungen im Pazifik sorgte.
Foto: Im Rollstuhl sitzt eine Frau vor ihrem zerstörten Haus in Moore/Oklahoma.

Mit 56,08 % der Stimmen wird der Kandidat der Arbeitspartei, Ehud Barak, am 17. Mai zum israelischen Ministerpräsidenten gewählt. Der bisherige Regierungschef Benjamin Netanjahu vom konservativen Likud-Block erhält 43,92 % der Stimmen. Die um ein Jahr vorgezogene Wahl war notwendig, da die Regierung Netanjahu ihre Mehrheit in der Knesset verloren hatte. Seit 1995 wird der Ministerpräsident in Israel direkt vom Volk gewählt. Bei den gleichzeitig abgehaltenen Parlamentswahlen erhält Baraks Bündnis „Ein Israel" 26, der Likud 19 und die ultraorthodoxe Schas-Partei 17 Sitze; die weiteren 58 Mandate gehen an kleinere Gruppierungen aus verschiedenen Lagern.

Trotz der unübersichtlichen Situation gelingt es Barak Anfang Juli, eine Mehrparteienregierung zu bilden, die sich auf 75 der 120 Knesset-Abgeordneten stützen kann. Der neue Regierungschef, der 1991–1995 Generalstabschef der israelischen Armee war, kündigt an, er wolle die Friedenspolitik seines im November 1995 ermordeten Vorvorgängers Yitzchak Rabin fortsetzen. Obwohl Barak einen eigenen Palästinenserstaat befürwortet, bleiben erste Gespräche mit Palästinenser-Präsident Jassir Arafat zunächst ohne konkrete Ergebnisse, bis es im September zu einer Einigung kommt.

Foto: Ehud Barak am Tag nach seinem Wahlsieg an der Klagemauer in Jerusalem.

In Hamburg geben sich am 6. Mai die ersten Homosexuellen in Deutschland das Ja-Wort. Sieben lesbische und schwule Paare lassen sich auf dem Standesamt des Stadtteils Eimsbüttel in ein neu geschaffenes Partnerschaftsbuch eintragen. Die „Hamburger Ehe" ist zwar eine amtliche Beglaubigung einer gleichgeschlechtlichen Beziehung, doch Rechte oder Pflichten ergeben sich für die Beteiligten daraus nicht.

Annäherung der Konfessionen: Bei einer unter freiem Himmel zelebrierten orthodoxen Messe in der rumänischen Hauptstadt Bukarest wird Papst Johannes Paul II. am 9. Mai von Patriarch Teoktist willkommen geheißen.

„Das Letzte Abendmahl“ von Leonardo da Vinci, eines der bekanntesten Gemälde der Welt, ist seit dem 28. Mai wieder der Öffentlichkeit zugänglich, da die Restaurierungsarbeiten in der Mailänder Kirche Santa Maria delle Grazie nach 20 Jahren abgeschlossen sind.

Im österreichischen Tauerntunnel gerät am 29. Mai bei einem Auffahrunfall ein Lkw in Brand und löst damit eine Katastrophe aus: In der Hitze, unter der die Tunneldecke in weiten Teilen einstürzt, sterben zwölf Menschen, 49 werden verletzt. Der Tunnel, Teil einer wichtigen Nord-Süd-Verbindung durch die Alpen, bleibt über Monate gesperrt. Foto links: Wrack eines im Tunnel ausgebrannten Autos.

Seit dem vorletzten Bundesliga-Spieltag, dem 9. Mai, steht Bayern München als Deutscher Fußballmeister 1999 fest. Damit geht der Titel zum 15. Mal an den Renommierclub von der Isar. Auf den Triumph folgt schon bald der Fall: Im Finale der Champions League in Barcelona unterliegt die Mannschaft von Ottmar Hitzfeld am 26. Mai Manchester United 1:2, wobei die Tore für die Briten in der 91. und 93. Minute fallen – der Schiedsrichter lässt nachspielen.
Foto oben: Lothar Matthäus mit der Meisterschale auf dem Balkon des Münchner Rathauses; rechts: Fassungslos nach der unglücklichen Niederlage in Barcelona sind Michael Tarnat, Torhüter Oliver Kahn und Mehmet Scholl.

JUNI

Steffi Grafs letzter Triumph

Hochzeit im britischen Königshaus

Frieden auf dem Balkan

Der Krieg auf dem Balkan ist zu Ende: Am 3. Juni billigen der jugoslawische Präsident Slobodan Milosevic und das Parlament in Belgrad den auf der Erklärung der G-8-Außenminister vom 6. Mai (S. 72) basierenden Friedensplan. Er sieht u.a. ein sofortiges und nachprüfbares Ende der Gewalt und Repression im Kosovo vor, ferner den Rückzug militärischer, polizeilicher und paramilitärischer serbischer Kräfte aus der Provinz, die Stationierung einer unter UNO-Aufsicht stehenden internationalen Friedenstruppe (Kfor) mit maßgeblicher Beteiligung der NATO, die Einrichtung einer Übergangsverwaltung in einem autonomen Kosovo, das innerhalb des jugoslawischen Staatsverbandes verbleibt, die sichere Rückkehr der Flüchtlinge sowie die Entmilitarisierung der ehemaligen albanischen Rebellenarmee UCK. Nachdem die Gespräche zwischen hochrangigen Militärs beider Seiten abgeschlossen sind und der Rückzug der serbischen Sicherheitskräfte aus dem Kosovo begonnen hat, setzt die NATO am 10. Juni nach 79 Tagen die Luftangriffe auf Jugoslawien aus. Am selben Tag verabschiedet der UN-Sicherheitsrat bei Enthaltung Chinas die von den G-8-Staaten ausgearbeitete Resolution, wonach die UNO mit dem Wiederaufbau des Kosovo beginnen und die 860 000 geflohenen Kosovo-Albaner zurückführen soll. Unmittelbar danach erteilt der NATO-Rat den Einsatzbefehl für die Kfor-Truppe. Sie umfasst 50 000 Soldaten, darunter – wie am 11. Juni vom Bundestag beschlossen – 8500 Deutsche.

Foto: Britischer Soldat in einem mit Blumen geschmückten Panzer.

KFOR
RUSSIA

Ohne Absprache mit der NATO verlegt Russland in der Nacht zum 12. Juni Soldaten aus dem Verband der in Bosnien stationierten Sfor-Friedenstruppe ins Kosovo. Die Einheit erreicht die Hauptstadt Pristina (Foto gegenüberliegende Seite unten) und besetzt den Flughafen, noch bevor die Truppen der NATO-Staaten aus Albanien in die ihnen zugewiesenen Sektoren einmarschiert sind (Foto gegenüberliegende Seite oben: US-Soldaten). Russland verzichtet jedoch am 18. Juni auf die Forderung nach einem eigenen Sektor für seine 3600 Kfor-Soldaten. Bereits wenige Tage nach Beginn ihres Einsatzes entdecken Kfor-Soldaten mehrere Massengräber: Hunderte, wenn nicht Tausende Kosovo-Albaner sind in den Wochen zuvor von serbischen Milizen massakriert worden (Foto unten aus dem Dorf Kacanik).
Trotz Minengefahr und Schwierigkeiten bei der Versorgung kehren allein in der ersten Woche nach Kriegsende 50 000 Flüchtlinge in das Kosovo zurück (Foto oben).
Die dort lebenden Serben verlassen zu Tausenden ihre Heimat, da sie ihres Lebens nicht mehr sicher sein können: Wiederholt kommt es zu Überfällen auf serbische Dörfer und Häuser. Bis in den Herbst hat die UCK ihre Waffen noch nicht vollständig abgegeben. Ein dauerhafter Friede zwischen den Volksgruppen scheint in weiter Ferne zu liegen.

Der Chef der kurdischen Arbeiterpartei, Abdullah Öcalan (Foto oben), wird am 29. Mai von einem türkischen Staatssicherheitsgericht auf der Gefängnisinsel Imrali wegen Hochverrats zum Tode verurteilt. Mit einer Vollstreckung des Urteils rechnen allerdings nur wenige. Einer Hinrichtung müssen nach der türkische Verfassung das Parlament in Ankara und der Staatspräsident ausdrücklich zustimmen, was angesichts der zu erwartenden Empörung und der Proteste aus dem Ausland unwahrscheinlich erscheint. Öcalan ruft seine Anhänger auf, den bewaffneten Kampf für ein autonomes Kurdistan aufzugeben. So keimen trotz des Urteils Hoffnungen auf ein Ende des Bürgerkriegs auf.

Bei den zweiten demokratischen Parlamentswahlen in Südafrika am 2. Mai erreicht der regierende Afrikanische Nationalkongress ANC mehr als 60% der Stimmen und verfehlt die Zweidrittelmehrheit der Mandate nur um einen Sitz. Zum Nachfolger von Staatspräsident Nelson Mandela, der sich aus Altersgründen aus der Politik zurückzieht, wird am 14. Mai der ANC-Vorsitzende Thabo Mbeki (Foto rechts) gewählt. Er verspricht, die soziale Situation der schwarzen Südafrikaner rasch zu verbessern und Mandelas Politik der Aussöhnung zwischen den Rassen fortzusetzen.

Am 2. Juni verhängt die EU ein Verkaufsverbot für Hühner und Eier aus Belgien, nachdem im Futtermittel einiger Zuchtbetriebe das hochgiftige Dioxin entdeckt worden ist. Der Schaden für die belgische Wirtschaft durch den Lebensmittelskandal beläuft sich auf über eine Milliarde Mark. Foto: Leere Regale in belgischen Geschäften.

Bei den Europawahlen am 13. Juni erhält die rot-grüne Regierungskoalition in Bonn einen Denkzettel: Während die Unionsparteien fast zehn Prozentpunkte zulegen und auf 48,7% kommen, erreichen SPD und Bündnisgrüne nach Verlusten nur einen Stimmenanteil von 30,7 bzw. 6,4%. Foto: CDU-Mitarbeiter in Feierlaune.

19 Jahre hielt die Ehe der britischen Prinzessin Anne, bei Kronprinz Charles dauerte es 15 Jahre bis zur Scheidung, bei Prinz Andrew waren es nur zehn, doch Prinz Edward hofft auf einen Bund fürs Leben, als er seiner langjährigen Gefährtin Sophie Rhys-Jones am 19. Juni in der St. George's Kapelle von Windsor das Ja-Wort gibt. Die 34-jährige Braut wird von ihrem Vater, dem Reifenhändler Christopher Rhys-Jones, in die Kirche geleitet, wo die beiden Trauzeugen, ihre zukünftigen Schwager Charles und Andrew, sie erwarten. Schätzungsweise 200 Mio. Fernsehzuschauer können bei der Live-Übertragung beobachten, dass der Ehering ein wenig klemmt, doch nach der Trauung und der Fahrt mit der Hochzeitskutsche durch die Menge (Foto) sind die Kameras nicht mehr dabei: Das Hochzeitspaar hat sich eine kleine Feier im intimen Rahmen ohne Pomp, militärisches Brimborium und Aufmarsch königlicher Häupter aus aller Welt gewünscht, und so versammeln sich nur 550 Verwandte und Freunde in den Räumen von Schloss Windsor.

FIRST AID UNIT
HAMPTONS
INTERNATIONAL

Rat
1999

Auf dem Gipfeltreffen am 3. Juni in Köln verabschieden die Staats- und Regierungschefs der 15 EU-Staaten eine Erklärung über Grundzüge einer gemeinsamen Außen- und Sicherheitspolitik (GASP) und nominieren den scheidenden NATO-Generalsekretär Javier Solana aus Spanien zum außenpolitischen Repräsentanten der EU, auch Mr. GASP genannt.
Foto gegenüberliegende Seite: Bundeskanzler Gerhard Schröder und Außenminister Joschka Fischer erwarten ihre Gäste.

Ein ehrgeiziges Sparpaket und Grundzüge zur Öko- und Unternehmenssteuerreform legt Finanzminister Hans Eichel (SPD, Foto oben) am 23. Juni im Kabinett vor. Geplant sind u.a. Einsparungen im Bundeshaushalt 2000 in Höhe von 30 Mrd. DM. Im Vorgriff auf eine grundlegende Reform der Alterssicherung sollen die Renten 2000 und 2001 nur in Höhe der Inflationsrate steigen. Gewerkschaften, Sozialverbände und CDU bezeichnen das „Zukunftsprogramm 2000" als sozial unausgewogen und kündigen Widerstand an.
Auch die grüne Gesundheitsministerin Andrea Fischer macht sich mit ihren Plänen für eine Gesundheitsreform 2000 nicht nur Freunde: Ärzte demonstrieren gegen das vorgesehene Globalbudget, das die Ausgaben begrenzen und die Beitragssätze zur Krankenversicherung stabil halten soll (Foto links).

Im von Renzo Piano entworfenen Musical Theater am Potsdamer Platz in Berlin hat am 5. Juni „Der Glöckner von Notre Dame" nach dem Roman von Victor Hugo Premiere. Erstmals wird damit ein Disney-Musical außerhalb der USA aufgeführt. Die Musik schrieb Alan Menken, die Liedtexte Stephen Schwarz; für Buch und Regie ist James Lapin verantwortlich.
Foto ganz oben: Drew Sarich als buckliger Glöckner und Frederik Lycke als Legionär Phoebus bei einer Probe.

Bei den Berliner Philharmonikern ist es Brauch, dass die Musiker ihren Chefdirigenten wählen. Nachdem der Italiener Claudio Abbado seine Absicht zum Rückzug im Jahr 2002 erklärt hat, entscheidet sich das Spitzenorchester am 23. Juni für Sir Simon Rattle (Archivfoto oben von 1998) als Nachfolger. Die Instrumentalisten schätzen den 44-jährigen Briten nicht nur wegen seiner intelligenten Taktführung, sondern auch wegen der überzeugenden Probenarbeit.

Nach jahrelangen, in verschiedenen Gremien und in der Öffentlichkeit geführten Diskussionen über die Gestaltung des zentralen Mahnmals für die in der NS-Zeit in Europa ermordeten Juden entscheidet sich der Bundestag am 25. Juni mit großer Mehrheit für den Entwurf des amerikanischen Architekten Peter Eisenman (Foto rechts: Modell). Neben dem Brandenburger Tor sollen ein begehbares Areal mit 2700 Betonstelen sowie ein „Ort der Information" errichtet werden.

Nun ist endgültig Schluss! Nach seiner Niederlage gegen den Australier Patrick Rafter im Achtelfinale von Wimbledon erklärt Boris Becker am 30. Juni: „Das war mein letztes Tennis-Match." Dreimal, 1985, 1986 und 1989, hat Becker das Turnier auf dem „heiligen Rasen" gewonnen, zum ersten Mal im Alter von 17 Jahren. Doch der Leimener hat hier auch bittere Niederlagen erlebt, etwa 1991 im deutsch-deutschen Finale gegen Michael Stich. Höhepunkte von Beckers Laufbahn waren ferner der Gewinn der US-Open 1989, der Australian Open 1991 und 1996 sowie die ATP-Weltmeistertitel 1992 und 1995.
Foto: Dankbarer Abschied von den Fans.

Bevor sie ihren endgültigen Rückzug vom aktiven Wettkampftennis erklärt – dies geschieht erst im August –, gönnt sich Steffi Graf noch einen Triumph der besonderen Art: Im Finale der French Open am 5. Juni erteilt die 29-Jährige der elf Jahre jüngeren Martina Hingis eine Tennis-Lektion. Die Herzen der Zuschauer fliegen ihr zu, als sie der erfolgsverwöhnten, im Spielverlauf zunehmend in Wut geratenden Schweizerin in drei Sätzen (4:6, 7:5, 6:2) souverän die Grenzen aufzeigt. Mit 22 Grand-Slam-Titeln, davon sieben in Wimbledon und sechs in Paris, ist Steffi Graf die beste Spielerin der Tennisgeschichte.

JULI

Kennedy-Sohn verunglückt

Wirbel um Bangemann

Der große Umzug nach Berlin

Nun wird es ernst mit dem Umzug vom Rhein an die Spree: Am 1. Juli tagt der Bundestag zum letzten Mal in Bonn. Vertreter aller Parteien würdigen die Bedeutung der Stadt für die deutsche Geschichte. So spricht Bundestagspräsident Wolfgang Thierse (SPD) davon, dass die deutsche Politik von Bonn aus Ansehen gewonnen habe. Ex-Bundeskanzler Helmut Kohl dankt der Stadt in seiner ersten Bundestagsrede nach der Wahlniederlage im Herbst 1998 für den Dienst, den sie der Nation geleistet habe, und erklärt, Bonn werde künftigen Generationen als Wiege der zweiten deutschen Demokratie nach der Weimarer Republik in Erinnerung bleiben. Viele Abgeordnete nehmen die Ansprache mit Standing Ovations auf.
Mit dem Umzug von Parteizentralen, Parlament und Bundesregierung bekommen auch 10 500 Bundesbedienstete einen neuen Arbeitsort. Viele von ihnen behalten jedoch ihren ersten Wohnsitz in Bonn vorerst bei, zum Beispiel wegen der Kinder, die kurz vor dem Schulabschluss stehen, oder weil der Ehepartner noch keinen Job in Berlin gefunden hat. Etwa 5000 Beamte und Angestellte werden zunächst zwischen beiden Städten pendeln, und für sie sind insbesondere zum Wochenende – nur dann werden die Reisekosten erstattet – Sonderflüge und -züge eingerichtet worden.
Foto: Bundesgeschäftsführer Ottmar Schreiner fasst beim Umzug der SPD-Parteizentrale ins Berliner Willy-Brandt-Haus selbst mit an.

Der Friedensprozess in Nordirland gerät in eine schwere Krise, da die protestantische Ulster Unionist Party (UUP) am 15. Juli die Parlamentssitzung boykottiert, auf der eine Regionalregierung gebildet werden sollte. Sie begründet dies mit der Weigerung der IRA, ihre Waffen abzugeben. Foto oben vom 2. Juli: Vor dem Marsch des protestantischen Oranierordens durch ein Katholikenviertel in Portadown.

König Hassan II., der Marokko seit 1961 regierte, stirbt am 23. Juli 70-jährig in Rabat. Noch am selben Tag wird Kronprinz Sidi Mohammed (Foto rechts) zum König ausgerufen. Er bekennt sich zu den Werten der Demokratie und des Rechtsstaats.

Beim Absturz eines von John F. Kennedy junior gesteuerten Privatflugzeugs über dem Atlantik kommen am 16. Juli der mittlerweile 38-jährige Präsidentensohn, seine Frau Carolyn und deren Schwester Lauren Bessette ums Leben. Nach fünf Tagen der Ungewissheit werden ihre Leichen vor Martha's Vineyard aus dem Meer geborgen.
Foto oben: Die Familien Kennedy und Bessette umarmen sich an Bord eines Küstenwachschiffs vor der Seebestattung der drei Verunglückten.
Archivfoto links: Ein glückliches Paar – John F. Kennedy junior und Carolyn Bessette Kennedy.

21 Abenteuer-Urlauber sterben am 27. Juli bei einem Canyoning-Unfall in der Schweiz. Sie werden auf einer Wildwassertour in der Saxet-Schlucht von einem Unwetter überrascht. Foto oben: Suche nach Vermissten.

Die EU erhebt am 9. Juli Klage gegen ihren für Telekommunikation zuständigen Kommissar Martin Bangemann, der seit dem 1. Juli wegen seines geplanten Wechsels zur spanischen Telefonica beurlaubt ist. Die Kommission will ihm die Pension aberkennen lassen. Foto rechts: Bangemann mit Telefonica-Chef Juan Villalonga.

1,5 Millionen Raver nehmen am 10. Juli an der Love Parade in Berlin teil (Foto gegenüberliegende Seite).

Pimkie

Herausragende Schwimmerin der Europameisterschaft, die am 22. Juli in Istanbul eröffnet wird, ist Sandra Völker (Foto oben). Sie holt Bronze über 100-m-Kraul, gewinnt mit der 4x100-m-Freistil-Staffel, wird Erste über 100-m-Rücken und stellt bei ihrem Sieg über 50-m-Rücken mit 28,71 Sekunden einen Weltrekord auf.

Wenige Sekunden nach dem Start rast Ferrari-Pilot Michael Schumacher beim Großen Preis von England der Formel 1 am 11. Juli nach einem Überholmanöver in einen Reifenstapel und bricht sich bei dem durch einen defekten Hinterreifen ausgelösten Unfall das Bein. Foto rechts: Das Unglücksauto wird abgeschleppt.

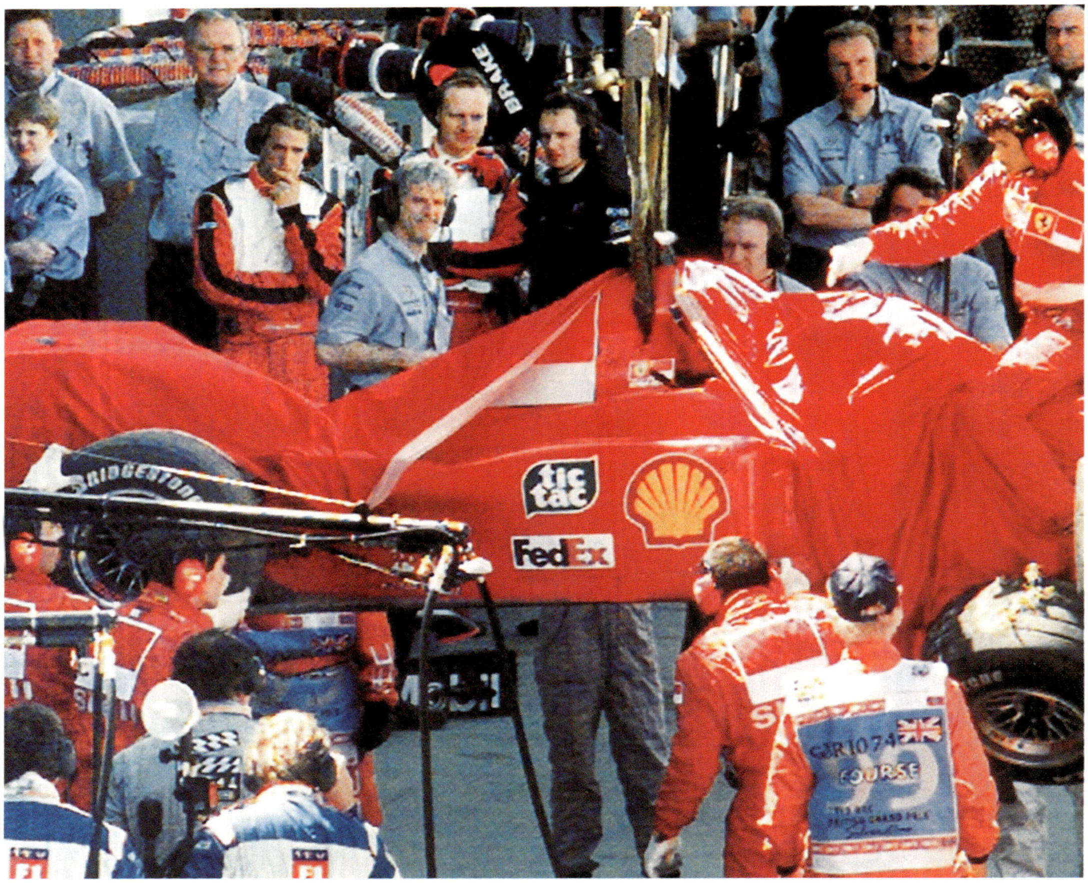

AUGUST

Schweres Erdbeben in der Türkei

Ignatz Bubis gestorben

Sonnenfinsternis hinter Wolken

Die Faszination eines ungewöhnlichen Naturschauspiels und die Enttäuschung wegen des Wetters halten sich die Waage, als bei überwiegend bedecktem Himmel am 11. August vom Atlantik über Europa bis nach Indien eine Sonnenfinsternis zu beobachten ist. Mit einer Geschwindigkeit von mehr als 2500 Stundenkilometern rast der Kernschatten des Mondes über die Südwestspitze Englands, über Frankreich, Süddeutschland, Österreich hinweg, zieht nach Rumänien, über die Türkei und den Iran bis nach Indien. In Deutschland liegt ein Streifen von 116 Kilometern Breite im Bereich der totalen Sonnenfinsternis. Um kurz vor halb eins setzt die etwa zwei Minuten andauernde Verdunkelung im Saarland ein. Wenig später wird es auch in Karlsruhe, Stuttgart und München finster. Millionen Menschen blicken durch Schutzbrillen in den Himmel, um zu beobachten, wie sich der schwarze Schatten des Mondes vor die Sonne schiebt. Allerdings behindern dicke Wolken vielerorts die Sicht auf den leuchtenden Strahlenkranz der vom Erdtrabanten verdeckten Sonne, auf die Korona, die sonst von der Helligkeit des Himmelskörpers selbst überstrahlt wird.

Da hunderttausende Schaulustige nach Süd- und Südwestdeutschland reisen, um in die Totalitätszone zu gelangen, kommt es zu einem Verkehrschaos: Auf den Autobahnen und Straßen gibt es kilometerlange Staus, und die Züge der Bundesbahn sind teils so überfüllt, dass Fahrgäste in Frankfurt und Darmstadt abgewiesen werden müssen.

Foto: Ein kurzer freier Blick auf die Sonnenfinsternis in Backnang bei Stuttgart.

Die für den 22. August vorgesehene Stationierung russischer Einheiten der Kfor-Friedenstruppe im Kosovo-Dorf Orahovac muss verschoben werden, da sich die Bewohner mit Sitzblockaden wehren (Foto). Sie werfen den Russen vor, mit Serben kollaboriert zu haben, unter deren Gewalttaten sie zu leiden hatten. Der Exodus der im Kosovo lebenden Serben hält im August an. Nach UNHCR-Schätzungen leben Ende August noch etwa 30 000 Serben in der Provinz, knapp 200 000 haben aus Furcht vor Racheakten in anderen Teilen Serbiens Zuflucht gesucht. Auch etwa 90 000 Roma sind nach Angaben der Gesellschaft für bedrohte Völker aus dem Kosovo geflüchtet bzw. vertrieben worden.

Ein Erdbeben der Stärke 7,4 auf der Richterskala sucht in der Nacht zum 17. August die Westtürkei heim. Das Epizentrum liegt in der Industriestadt Izmit etwa 100 km östlich von Istanbul. Die traurige Bilanz der Katastrophe: mindestens 16 000 Tote, 24 000 Verletzte, 300 000 Obdachlose. In den türkischen Medien wird die Regierung wegen unzureichender Bergungsmaßnahmen – 32 Länder haben Helfer in die Region entsandt – massiv attackiert. Der Zorn der Betroffenen richtet sich ferner gegen betrügerische Bauunternehmen, die ganze Blocks instabiler Wohnhäuser hochgezogen haben. Foto rechts: Anwohner bergen Hausrat aus einem zerstörten Gebäude in Adapazari.

Trotz heftiger Gewerkschaftsproteste öffnen in Berlin, Halle und Dessau Einzelhändler und Kaufhäuser am 1. August, einem Sonntag, ihre Geschäfte. Der Kaufhof am Berliner Alexanderplatz (Foto links) deklariert sämtliche Waren zum „Berlin Souvenir" und nutzt damit eine Regelung, wonach in Teilen der Innenstadt Artikel des touristischen Bedarfs auch sonntags verkauft werden dürfen. Ähnliche Ausnahmeregelungen werden auch in einigen ostdeutschen Städten herangezogen. Mehrere Gerichtsurteile schränken den Sonntagsverkauf nach dem 22. August wieder deutlich ein.

Der Vorsitzende des Zentralrats der Juden in Deutschland, Ignatz Bubis, stirbt am 13. August nach kurzer, schwerer Krankheit in Frankfurt am Main – er ist 72 Jahre alt geworden. Bubis stand seit 1992 an der Spitze der Interessenvertretung von 40 000 bekennenden Juden in Deutschland. Selbst ein Überlebender des Holocaust, äußerte sich Bubis in den letzten Lebensmonaten skeptisch über die Chancen einer dauerhaften Aussöhnung zwischen Juden und Nicht-Juden in Deutschland. Er wird auf seinen Wunsch am 15. August in Tel Aviv beigesetzt.
Archivfoto: Bubis 1994 beim Besuch des ehemaligen Konzentrationslagers Langenstein-Zwieberge bei Halberstadt.

Einen Fabel-Weltrekord stellt der Amerikaner Michael Johnson (Foto aus dem Vorlauf, rechts) bei den Leichtathletik-Weltmeisterschaften in Sevilla auf: Er läuft am 26. August die 400 m in 43,18 Sekunden und übertrifft damit die elf Jahre alte Bestmarke von Butch Reynolds um elf Hundertstelsekunden. Mehr als eine Sekunde nach Johnson kommt der Brasilianer Sanderlei Parrela als Zweiter ins Ziel. Für Johnson, den Läufer mit der stakkatoartigen Schrittfrequenz, ist diese Leistung das i-Tüpfelchen auf eine beispiellose Karriere, die ihm Olympiasiege auf den langen Sprintdistanzen (200 und 400 m), neun WM-Titel und 1996 in Atlanta den 200-m-Weltrekord (19,32 Sekunden) einbrachte. Für die Amerikanerin Marion Jones geht der Traum von drei Goldmedaillen in Sevilla nicht in Erfüllung: Sie gewinnt zwar das 100-m-Finale, bricht aber beim Halbfinallauf über 200 m mit Rückenschmerzen zusammen und tritt im Staffelwettbewerb nicht mehr an.

Mit vier Gold-, vier Silber- und vier Bronzemedaillen beenden die Sportlerinnen und Sportler des Deutschen Leichtathletikverbandes am 29. August die Welttitelkämpfe in Sevilla. Deutschland ist damit nach den überragenden USA und Russland die drittstärkste Nation, wobei die deutschen Athleten weiterhin vor allem in technischen Disziplinen brillieren.
Charles Michael Friedek (Bild oben, Mitte) holt überraschend Gold im Dreisprung mit 17,59 m vor dem Bulgaren Rostislav Dimitrov (rechts) und dem favorisierten Briten Jonathan Edwards (links).
Im Kugelstoßen der Damen gibt es einen deutschen Doppelerfolg: Zum dritten Mal in Folge belegt Astrid Kumbernuss aus Neubrandenburg (links) bei Weltmeisterschaften den ersten Platz. Sie wirft die Kugel 19,85 m, 24 Zentimeter weiter als die Zweitplatzierte Nadine Kleinert aus Magdeburg (rechts). Weitere Goldmedaillen gehen an Franka Dietzsch (Diskus) und an den Hammerwerfer Karsten Kobs.

Den ersten Stadionneubau seit dem Start der Bundesliga 1963 gönnt sich der Hamburger Sportverein. Pünktlich zum Saisonstart am 14. August ist der komplette Umbau der Anlage im Volkspark abgeschlossen; Kostenpunkt: 159 Mio. DM. Bis zum November soll auch das 23 Mio. DM teure Dach fertig sein, das Wetterschutz für die 53 000 Plätze bietet.

Sie ist in ihrer Heimat Großbritannien die vielleicht beliebteste Persönlichkeit – Queen Mum, die Mutter von Königin Elisabeth II. Mit gewohnter Standfestigkeit und einem freundlichen Lächeln nimmt sie am 4. August die Ehrenparade aus Anlass ihres 99. Geburtstags ab.

SEPTEMBER

Schwere SPD-Verluste bei Landtagswahlen

Raissa Gorbatschowa und Willy Millowitsch gestorben

Nobelpreis für Günter Grass

Seit Jahren war er für den Preis im Gespräch, nun hat er ihn endlich erhalten: Die Schwedische Akademie gibt am 30. September bekannt, dass der 71-jährige deutsche Schriftsteller Günter Grass mit dem Literaturnobelpreis ausgezeichnet wird, weil er – so die offizielle Begründung – „in munter schwarzen Fabeln das vergessene Gesicht der Geschichte gezeichnet hat".
Mit der 1959 veröffentlichten „Blechtrommel" wurde der damals 31-jährige Grass schlagartig berühmt, und der Roman blieb bis heute im In- und Ausland sein erfolgreichstes Werk. Der fiktive Verfasser der „Blechtrommel", der zwergenwüchsige Oskar Matzerath, beschreibt darin sein Leben in den 50er Jahren als gesellschaftlicher Außenseiter, vor allem aber seine Vergangenheit in Danzig unter NS-Herrschaft. Während Leser und Rezensenten sich in der positiven Beurteilung der „Blechtrommel" und ihres fabulierfreudigen Autors einig waren, reagierte die Kritik auf spätere Grass-Romane wie „Der Butt" (1977), „Die Rättin" (1986) oder „Ein weites Feld" (1995) teils mit bissiger Ablehnung. Umstritten war der Schriftsteller auch als SPD-Wahlhelfer und als unermüdlicher Mahner, der vor den Gefahren des Atomkriegs ebenso warnte, wie er nach der Wiedervereinigung das Verhalten der westdeutschen „Raffkes" in den neuen Ländern geißelte. Doch nun, nach der Auszeichnung aus Stockholm, sind die Zeitungen wieder des Lobes voll. Der Geehrte spricht von „Stolz und Genugtuung" und stellt sich in eine Reihe mit den deutschen Literaturnobelpreisträgern Thomas Mann und Heinrich Böll.

Die Wahlrunde im Herbst 1999 wird zu einem Desaster für die SPD, wofür nach einhelliger Auffassung bundespolitische Gründe ausschlaggebend sind. Die Wähler wenden sich in Scharen von der Schröder-Partei ab.
Bei den Landtagswahlen in Brandenburg am 5. September stürzt die SPD von 54,1% (1994) auf 39,3% ab, während die CDU von 18,7 auf 26,6% und die PDS von ebenfalls 18,7 auf 23,3% zulegen. Neu im Landtag vertreten ist die rechtsextreme DVU mit 5,3%, während Bündnisgrüne und FDP an der Fünf-Prozent-Hürde scheitern. Ministerpräsident Manfred Stolpe (Foto oben) ist künftig auf einen Partner angewiesen. Bis Ende September ist die Koalition mit der CDU perfekt.
In den Landtagswahlen an der Saar am 5. September verliert die von Ministerpräsident Reinhart Klimmt geführte SPD bei einem Stimmenanteil von 44,4% (1994: 49,4%) die absolute Mehrheit der Mandate an die CDU (45,5%; 1995: 38,6%); alle anderen Parteien scheitern an der Sperrklausel, darunter auch die Bündnisgrünen, deren Stimmenanteil von 5,5 auf 3,2% zurückgeht.
Neuer Ministerpräsident wird Peter Müller (CDU, Foto oben, mit Klimmt, rechts). Klimmt übernimmt von Franz Müntefering, der als Generalsekretär die SPD wieder auf Kurs bringen soll, das Bundesverkehrsministerium.
Mit den NRW-Kommunalwahlen am 12. September setzt sich die Katastrophe für die SPD fort. Erstmals seit Jahrzehnten wird die CDU stärkste Kraft in Dortmund, Düsseldorf, Essen und Köln. Nach den Bürgermeister-Stichwahlen am 26. September steht fest, dass die Union in 13 von 23 NRW-Großstädten das Stadtoberhaupt stellt, darunter auch in Köln. Foto rechts: CDU-Landeschef Jürgen Rüttgers freut sich.

Bei den Landtagswahlen in Thüringen am 12. September erreicht die von Ministerpräsident Bernhard Vogel (Foto oben, links) geführte CDU mit 51,0% die absolute Mehrheit, während der bisherige Koalitionspartner SPD starke Verluste erleidet und mit 18,5% hinter der PDS (21,4%) auf Platz drei landet.
In Sachsen kann am 19. September Ministerpräsident Kurt Biedenkopf (Foto links) mit 56,6% für seine CDU die absolute Mehrheit verteidigen. Hier kommt die PDS auf 22,3% (1994: 16,5%), während die SPD auf 10,7% (1994: 16,6%) absinkt.
Weder in Thüringen noch in Sachsen gelingt einer weiteren Partei der Sprung über die Fünf-Prozent-Hürde.

171 Tote – das ist die bittere Bilanz der Bombenanschläge, die am 9. und 13. September (Foto oben) auf Wohnhäuser in Moskau und am 16. September in der Stadt Wolgodonsk verübt werden. Sie gehen vermutlich auf das Konto muslimischer Rebellen aus dem Kaukasus.
In Reaktion auf die Attentate fliegt Russland Luftangriffe auf mutmaßliche Rebellenstellungen in Tschetschenien und marschiert am 30. September – drei Jahre nach Unterzeichnung des Friedensvertrags – mit Bodentruppen in die Kaukasusrepublik ein (Foto rechts). Zehntausende Tschetschenen suchen Zuflucht in der Nachbarrepublik Inguschetien.

Nachdem sich die Bewohner der 1976 von Indonesien annektierten ehemaligen portugiesischen Kolonie Osttimor am 30. August mit Dreiviertelmehrheit für die Unabhängigkeit entschieden haben, eskaliert der Terror proindonesischer Milizen. Das aus Djakarta entsandte Militär kann die Sicherheit auf der Inselhälfte nicht garantieren und macht teils sogar gemeinsame Sache mit den Milizen. Zu Tausenden werden die Menschen massakriert und vertrieben; 300 000 fliehen in die Wälder oder nach Westtimor.
Unter ausländischem Druck akzeptiert die indonesische Regierung am 12. September eine von Australien geführte UN-Friedenstruppe. Am 20. September landen die ersten Soldaten einer 7500 Mann starken multinationalen Einheit in Osttimor (Foto links aus der Hauptstadt Dili). Zögernd kehren die Flüchtlinge zurück.

Zum schwersten Atomunfall in Japan kommt es am 30. September, als Arbeiter der Uranverarbeitungsfabrik Tokai-Mura fahrlässig eine nukleare Kettenreaktion auslösen. Sie wird erst am Tag darauf unter Kontrolle gebracht.
Durch den Unfall werden drei Arbeiter lebensgefährlich verstrahlt; mindestens 55 Menschen sind stark erhöhten Strahlendosen ausgesetzt. Über 300 000 Anwohner im Umkreis von 10 km dürfen die Häuser nicht verlassen. Foto: Polizist vor Tokai-Mura.

Den ganzen Sommer über haben Anhänger verschiedener Oppositionsgruppen in friedlichen Protestmärschen den Rücktritt des jugoslawischen Präsidenten Slobodan Milosevic gefordert, den sie für die schwere Wirtschaftskrise des Landes und den verlorenen Krieg im Kosovo verantwortlich machen. Am 29. September kommt es erstmals zu gewaltsamen Zusammenstößen mit der Polizei, als Demonstranten versuchen, auf den Belgrader Villenhügel Dedenje zu ziehen, auf dem die Residenz des Staatschefs steht (Foto oben).

Die Erde kommt nicht zur Ruhe. Bei einem schweren Beben am 7. September sterben in der griechischen Hauptstadt Athen fast 100 Menschen, 1600 werden verletzt.
Die Erdstöße, die in der Nacht zum 21. September Taiwan heimsuchen, haben mit einem Wert von 7,6 auf der Richterskala fast die Stärke des schweren Erdbebens in der Türkei (S. 98). Die Katastrophe fordert 2100 Menschenleben und mehr als 8000 Verletzte. Ungeachtet der politischen Spannungen zwischen Peking und Taipeh bietet die Volksrepublik China Hilfe an.
Fotos aus dem Athener Stadtteil Tatoi (rechts) und der taiwanesischen Stadt Tungshi (gegenüberliegende Seite).

In Deutschland war sie fast noch beliebter als in ihrer Heimat Russland – die ehemalige sowjetische First Lady, Raissa Gorbatschowa. In Deutschland erhoffte sie sich auch Heilung von ihrem Blutkrebs-Leiden. Doch die Ärzte einer Klinik in Münster können der Frau des früheren sowjetischen Staatschefs nicht mehr helfen. Sie stirbt dort am 20. September im Alter von 67 Jahren. Ihr Leichnam wird nach Moskau überführt, damit die Öffentlichkeit von ihr Abschied nehmen kann. Am 23. September wird Raissa Gorbatschowa auf dem Friedhof des Neujungfrauen-Klosters beigesetzt. Foto: Michail Gorbatschow bei der Ankunft in Moskau mit seiner Tochter Irina und seiner Enkelin Anastasia.

Nach 90 Jahren schlägt sein Herz nicht mehr: Der Volksschauspieler Willy Millowitsch stirbt am 20. September in einem Kölner Krankenhaus. Seit 1940 leitete Willy Millowitsch, der das Schauspielen nie gelernt hat, das Theater, das seinen Namen trägt. Erst 1996 gab er die Stafette an seinen Sohn Peter weiter. 1953 wurde erstmals eine Produktion des Hauses im Fernsehen übertragen: das Paradestück „Der Etappenhase“ mit Willy Millowitsch in der Rolle des liebenswürdigen Trottels; mehr als tausend Mal stand er in der Komödie auf der Bühne. Archivfoto aus dem Jahr 1992: Willy Millowitsch bei Dreharbeiten für seine WDR-Krimireihe.

OKTOBER

Diepgen gewinnt Wahl in Berlin

Lafontaine-Buch sorgt für Wirbel

Sechs Milliarden Erdenbürger

Schon seit längerer Zeit haben die Vereinten Nationen den 12. Oktober zum „Tag der sechs Milliarden“ erklärt, und so ist es nur folgerichtig, dass UN-Generalsekretär Kofi Annan während seines zweitägigen Aufenthalts in der bosnischen Hauptstadt Sarajevo einen Jungen, der kurz nach null Uhr im dortigen Krankenhaus geboren wird, symbolisch zum sechsmilliardensten Erdenbürger erklärt (Foto). Der Neugeborene ist das erste Kind eines seit 1998 verheirateten muslimischen Paars. Die Bevölkerungsstatistiker sind allerdings einhellig der Ansicht, dass die Sechs-Milliarden-Grenze bereits Wochen zuvor überschritten wurde.

Die UNO nimmt die Aktion zum Anlass, um darauf hinzuweisen, dass die Menschheit zwar langsamer als vor drei, vier Jahrzehnten, aber immer noch zu schnell wachse. Sie fordert ein stärkeres finanzielles Engagement der Industrienationen in Projekten der Familienplanung und eine intensive Ausbildungsförderung insbesondere für Frauen in der Dritten Welt.

Innerhalb des 20. Jahrhunderts hat sich die Bevölkerung auf dem Globus vervierfacht. Der fünfmilliardenste Erdenbürger wurde 1987 geboren. Der UN-Weltbevölkerungsfonds schätzt, dass sich die Zahl der Menschen auf der Erde bis 2025 auf 7,8 Milliarden erhöhen wird. Im Jahr 2050 könnte es nach seinen Vorhersagen neun Milliarden Menschen geben – einen deutlich langsameren Anstieg als im 20. Jahrhundert vorausgesetzt. Innerhalb der letzten 30 Jahre sank die Wachstumsrate von 2,0 auf 1,3 Prozent.

Bei Landtagswahlen in Berlin am 12. Oktober erreicht die CDU von Bürgermeister Eberhard Diepgen (Foto, mit Frau Monika) 40,8% (1995: 37,4%), die bisher mit ihr koalierende SPD 22,4% (23,6%), die PDS 17,7% (14,6%) und Bündnis 90/Grüne 9,9% (13,2%). Beim Wahlverhalten bleibt Berlin geteilt: Während die CDU im Westen selbst in den Arbeitervierteln dominiert, kommt die PDS im Osten teils auf über 45%.

Ein halbes Jahr nach Aufgabe aller Ämter stellt Oskar Lafontaine am 13. Oktober auf der Frankfurter Buchmesse sein Buch „Das Herz schlägt links“ vor, in dem er Bundeskanzler Schröder und andere ehemalige politische Freunde scharf angreift.

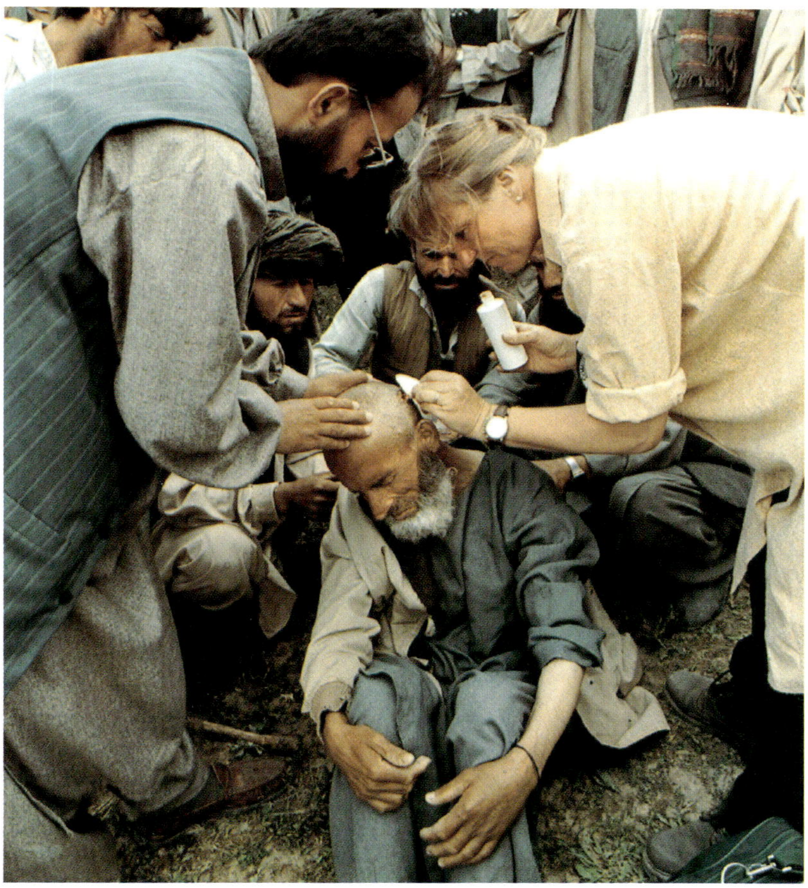

Die Wahlen zum Nationalrat, dem österreichischen Parlament, am 3. Oktober bescheren der Alpenrepublik einen Rechtsruck. Die Sozialdemokraten von Bundeskanzler Viktor Klima erzielen mit 33,15% der Stimmen ihr schlechtestes Ergebnis seit Kriegsende, bleiben aber stärkste Partei. Die konservative ÖVP, die seit 1986 mit der SPÖ koaliert, kann ihren zweiten Platz im Parteiengefüge nicht behaupten: Mit genau 415 Stimmen Vorsprung wird die FPÖ des Rechtspopulisten Jörg Haider (Foto oben) zweitstärkste Kraft; beide Parteien kommen jeweils auf 26,91% der Stimmen. Der ÖVP-Vorsitzende, Außenminister Wolfgang Schüssel, hält selbst angesichts dieses knappen Ergebnisses an seiner Aussage fest, bei einer Drittplatzierung seiner Partei aus der Regierung auszuscheiden.
Da weder ÖVP noch SPÖ mit der Haider-Partei koalieren wollen, erweist sich die Regierungsbildung als schwierig.

Die Hilfsorganisation „Ärzte ohne Grenzen", deren etwa 2400 Mitarbeiter sich in rund 80 Staaten in der zivilen und militärischen Katastrophenhilfe engagieren, erhält den Friedensnobelpreis 1999. Dies gibt das Nobelkomitee in Oslo am 15. Oktober bekannt. Foto aus dem Jahr 1998: Hilfe für Erdbebenopfer in Afghanistan.

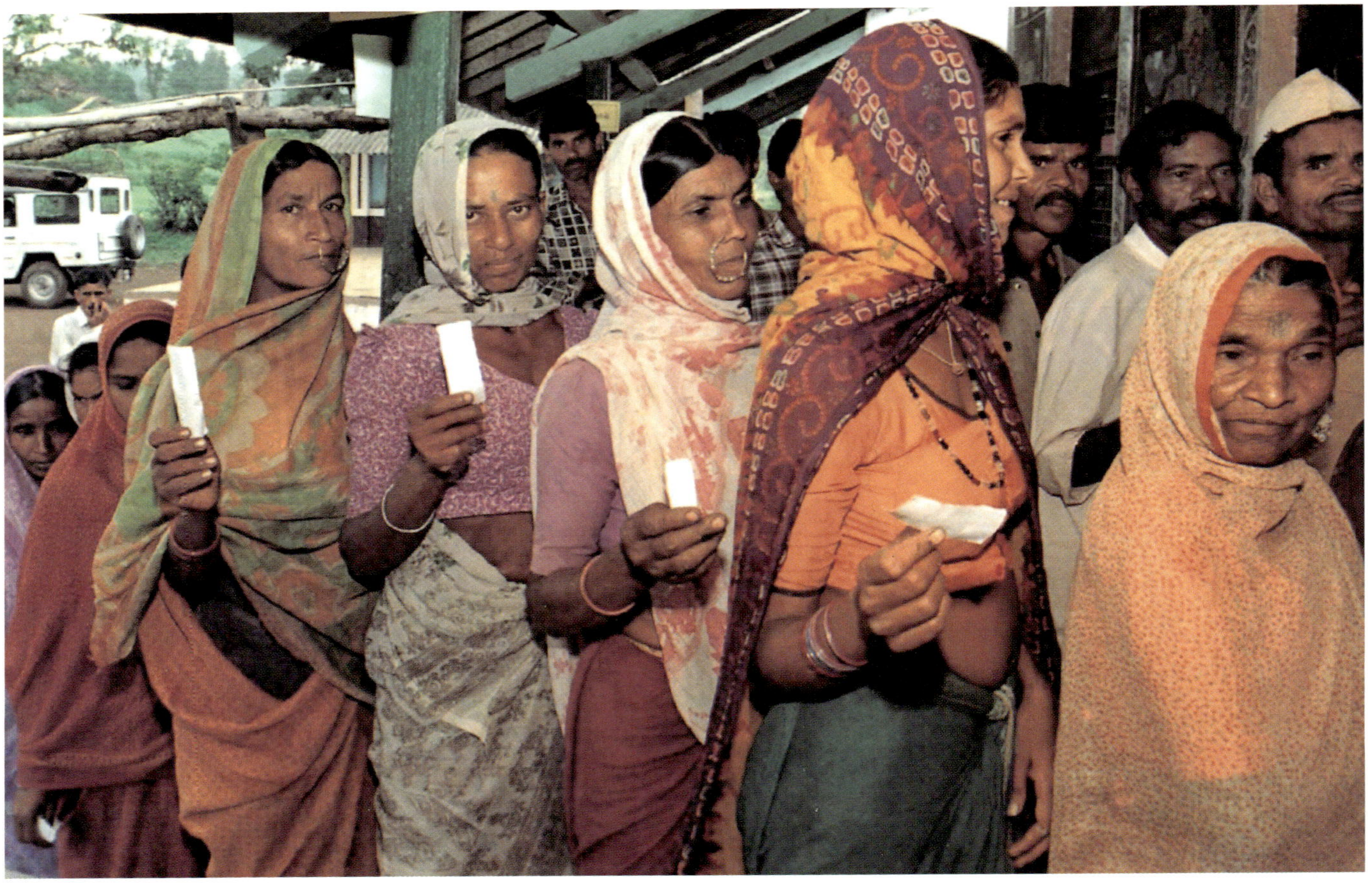

In Indien gehen die Parlamentswahlen, die sich über Wochen hinstreckten, am 7. Oktober zu Ende. Die Wähler bestätigen die Hindu-Partei (BJP) von Ministerpräsident Atal Behari Vajpayee. Sie erhält die absolute Mehrheit.

Am 14. Oktober putscht sich in Pakistan der entlassene Armeechef General Pervez Musharraf an die Macht. Er setzt Premier Nawaz Sharif unter dem Vorwurf ab, ein Mordkomplott gegen ihn geplant zu haben. Musharraf erklärt sich selbst zum Regierungschef und verhängt den Ausnahmezustand über das Land. Archivfoto vom März 1999: Noch friedlich vereint – Nawaz Sharif (l.) und General Musharraf (r.).

Die Beratende Volksversammlung Indonesiens bestimmt am 20. Oktober in freier und geheimer Wahl den gesundheitlich gehandicapten Abdurrahman Wahid (Foto oben, rechts) zum Staatspräsidenten. Die unterlegene Kandidatin Megawati Sukarnoputri (links) wird am folgenden Tag zur Vizepräsidentin gewählt. Der bisherige Staatschef Jusuf Habibie hatte seine Kandidatur kurzfristig zurückgezogen.

Bei einem Zugunglück in der Nähe des Bahnhofs Paddington bei London am 5. Oktober sterben bis zu 40 Personen. Nach dem Unfall werden schwere Vorwürfe erhoben, dass die Bahngesellschaft die Sicherheitsstandards vernachlässige.

Mit dem Sieg beim Großen Preis von Japan am 31. Oktober sichert sich Mika Häkkinen auf McLaren-Mercedes die Formel-1-WM 1999. Eddie Irvine wird hinter Michael Schumacher Dritter und damit Vizeweltmeister. Die WM blieb bis zuletzt spannend, da eine Disqualifikation der beiden Ferrari-Fahrer (o.), die nach dem Großen Preis von Malaysia am 15. Oktober wegen zu großer Windleiter verhängt worden war, keinen Bestand hatte.

Jan Ullrich (r., mit Michael Andersson) gewinnt am 6. Oktober die Rad-WM im Zeitfahren.

Das Millenium-Riesenrad in London, das größte der Welt, wird am 17. Oktober in die Senkrechte gestellt.

CHRONIK: DAS JAHR AUF EINEN BLICK

3.11.

10.11.

14.11.

NOVEMBER 1998

1. Mika Häkkinen auf McLaren-Mercedes ist neuer Formel-1-Weltmeister (S. 22).

2. Der SPD-Parteirat nominiert den 67-jährigen Johannes Rau zum Kandidaten für die Nachfolge von Bundespräsident Roman Herzog (S. 71). – Gerhard Schröders erste Auslandsreise als Bundeskanzler führt nach London, wo er mit dem britischen Premier Tony Blair zusammenkommt.

3. Nach dem verheerenden Wirbelsturm „Mitch“ wenden sich Nicaragua und Honduras mit einem Hilferuf an die internationale Staatengemeinschaft (S. 18). – Trotz der Lewinsky-Affäre kann sich die Demokratische Partei bei den Kongresswahlen in den USA gut behaupten (S. 20). – Der Landtag in Schwerin wählt Harald Ringstorff (SPD) zum Ministerpräsidenten von Mecklenburg-Vorpommern. Damit wird erstmals ein Bundesland von einer SPD/PDS-Koalition regiert. Foto: Die PDS-Fraktionschefin Caterina Muth gratuliert Ringstorff. Sie tritt einige Wochen später zurück, weil sie in einem Drogeriemarkt beim Diebstahl von Wimperntusche ertappt worden ist.

6. Bei einem Autobomben-Anschlag in der Innenstadt von Jerusalem sterben zwei Menschen, 21 werden verletzt. – Der Bundesgerichtshof hebt den 1997 ergangenen Freispruch gegen Monika Böttcher, geborene Weimar, auf. Damit muss sie sich zum dritten Mal wegen Mordes an ihren beiden Töchtern vor Gericht verantworten. – Der Soziologe Niklas Luhmann, einer der bedeutendsten Vertreter seines Fachs, stirbt im Alter von 70 Jahren. In mehr als 40 Büchern hat Luhmann seine Systemtheorie zur Erklärung sozialer Strukturen und Prozesse entfaltet.

7. Als Nachfolger von Ex-Bundeskanzler Helmut Kohl wird Wolfgang Schäuble vom CDU-Parteitag in Bonn zum Parteivorsitzenden gewählt (S. 16).

8. Das aus dem brennenden Frachter „Pallas“ ausgelaufene Öl erreicht die Strände der Nordfriesischen Insel Amrum (S. 15). – Der französische Schauspieler Jean Marais stirbt in Cannes (S. 18).

10. Bundeskanzler Gerhard Schröder gibt

14.11.

23.11.

vor dem Bundestag in Bonn seine erste Regierungserklärung ab (S. 16). – Der neue Ministerpräsident des Saarlandes heißt Reinhard Klimmt (Foto). Er folgt seinem langjährigen Freund und politischen Vertrauten Oskar Lafontaine (beide SPD) nach, der als Bundesfinanzminister nach Bonn gewechselt ist. – In Brüssel beginnen die offiziellen Beitrittsverhandlungen der EU mit Polen, Tschechien, Ungarn, Slowenien, Estland und Zypern.
12. Der Chef der kurdischen Arbeiterpartei PKK, Abdullah Öcalan, wird bei seiner Ankunft auf dem Flughafen von Rom verhaftet, am 20. November jedoch wieder auf freien Fuß gesetzt. Er darf Italien allerdings nicht verlassen. Öcalan beantragt politisches Asyl und verhindert so eine Auslieferung an die Türkei (S. 49). – Die Daimler-Benz AG und die Chrysler Corporation geben den Vollzug ihrer Fusion bekannt. Der Fusionswert wird mit 75 Mrd. US-Dollar angegeben.
14. Der in Deutschland geborene türkische Jugendliche „Mehmet" wird wegen wiederholter Straftaten abgeschoben, nachdem das Bundesverfassungsgericht am Vortag grünes Licht für die umstrittene Maßnahme gegeben hat. Die bayerische Staatsregierung hatte ursprünglich auch die Eltern des 14-Jährigen abschieben wollen. Foto: „Mehmet" auf dem Flug nach Istanbul. – Während US-Bomber bereits im Anflug auf Bagdad sind, lenkt der irakische Staatschef Saddam Hussein im Streit um die UN-Rüstungskontrollen ein, woraufhin US-Präsident Bill Clinton den Luftangriff stoppt. Drei Tage darauf können die UN-Waffeninspektoren in den Irak zurückkehren (S. 29). – Mit breiter Mehrheit stimmt der Bundestag der Beteiligung der Bundeswehr an der geplanten NATO-Schutztruppe zu, die von Makedonien aus den Abzug serbischer Truppen aus dem Kosovo überwachen und die Sicherheit der OSZE-Beobachter in der serbischen Krisenprovinz garantieren soll. Tags zuvor hat das Parlament den Bundeswehreinsatz zur NATO-Luftüberwachung im Kosovo gebilligt (S. 33). Foto: Bundesverteidigungsminister Rudolf Scharping verfolgt die parlamentarische Debatte. – Tagelange Studentenproteste gegen die Beratende Volksversammlung in Indonesien schlagen in eine Welle der Gewalt um. Bei den schwersten Unruhen seit dem Sturz des früheren Präsidenten Suharto im Mai 1998 kommen in Jakarta 15 Studenten und Jugendliche ums Leben.
17. Bundeskanzler Gerhard Schröder fliegt zu einem Antrittsbesuch nach Moskau. Er spricht sich dafür aus, die Hilfe für Russland auf eine internationale Basis zu stellen, und lehnt weitere deutsche Kredite ab.
19. In der ersten öffentlichen Anhörung des US-Kongresses zu einer möglichen Amtsenthebung des US-Präsidenten Bill Clinton im Zusammenhang mit der Lewinsky-Affäre sagt Sonderermittler Kenneth Starr zwölf Stunden lang vor dem Rechtsausschuss des Repräsentantenhauses aus.
20. Die russische Reformpolitikerin Galina Starowoitowa stirbt in Sankt Petersburg nach einem Attentat (S. 20). – Vier Tage später als im Abkommen von Wye Plantation vorgesehen, räumen israelische Truppen weitere Teile des besetzten Westjordanlandes und übergeben 28 Orte an die palästinensische Autonomiebehörde (S. 23).
21. Christo und Jeanne-Claude verhüllen 163 Bäume vor dem neuen Beyeler Museum im schweizerischen Riehen (S. 21). – Im Halbfinale des Tennis-Mastersturniers in New York unterliegt Steffi Graf der Amerikanerin Lindsay Davenport (S. 22).
22. Das Feuer auf dem vor Amrum havarierten Holzfrachter „Pallas" ist gelöscht (S. 15).
23. Die Deutsche Bank gibt bekannt, dass sie für 17 Mrd. DM das US-Investmenthaus Bankers Trust übernehmen wird. Damit steigt sie zum weltgrößten Kreditkonzern auf. Foto: Der Vorstandssprecher der Deutschen Bank, Rolf-Ernst Breuer (links) mit Bankers-Trust-Chef Frank Newman. – Das Bundespräsidialamt in Berlin wird eingeweiht (S. 16).
25. In der ARD läuft der Dreiteiler „Der Laden" nach dem Roman von Erwin Strittmatter an (S. 21). – Die Bundesregierung stellt ihr Programm „100 000 Jobs" zur Bekämpfung der Jugendarbeitslosigkeit vor, für das 2 Mrd. DM bereitgestellt werden sollen. – Durch ein Misstrauensvotum des Parlaments in Ankara wird die türkische Regierung gestürzt. Oppositionspolitiker werfen Ministerpräsident Mesut Yilmaz Verbindungen zum organisierten Verbrechen vor.
27. Bundeskanzler Gerhard Schröder informiert den italienischen Ministerpräsidenten Massimo D'Alema, dass die Bundesregierung keine Auslieferung des PKK-Chefs Abdullah Öcalan beantragen wird, gegen den in Deutschland ein Haftbefehl vorliegt. Sie fürchtet, dass es bei Protesten in Deutschland lebender Kurden zu Aussschreitungen kommt, falls Öcalan hier der Prozess gemacht wird (S. 49).

4.12.

7.12.

DEZEMBER 1998

1. Bundespräsident Roman Herzog trifft zu einem viertägigen Staatsbesuch in Großbritannien ein (S. 26). – Die Frankfurter Hoechst AG und die französische Rhône-Poulenc bestätigen offiziell ihre Fusionspläne. Die beiden Pharma- und Chemieunternehmen wollen 1999 unter dem neuen Firmennamen „Aventis“ verschmelzen. – Die Exxon Corporation gibt bekannt, dass sie für 77 Mrd. Dollar die Mobil Corporation übernehmen wird. Durch die Fusion der beiden amerikanischen Unternehmen entsteht der weltgrößte Ölkonzern.

2. Die UNESCO nimmt weitere 30 Orte in ihre Liste des Weltkulturerbes auf, darunter das „klassische Weimar“, den Sommerpalast in Peking sowie die Ruinen der antiken Stadt Troja in Vorderasien.

3. Der Aufsichtsrat der Deutschen Post AG billigt einstimmig einen am Vortag geschlossenen Kaufvertrag, mit dem die Post und die Postbank wieder vereinigt werden. Damit werden Teile der Postreform faktisch wieder zurückgenommen. – Knapp einen Monat vor der Einführung des Euro senken die europäischen Notenbanken überraschend die Zinsen. Die Bundesbank setzt den Leitzins für Wertpapier-Pensionsgeschäfte von 3,3 auf 3,0% herab.

4. Vom US-Weltraumbahnhof Cape Canaveral in Florida startet die Raumfähre „Endeavour“ mit sechs Astronauten an Bord. Sie bringen den etwa 11,5 Tonnen schweren amerikanischen Verbindungsknoten „Unity“ an dem bereits im November von den Russen ins All gebrachten Modul „Sarja“ an und beginnen damit die Bauarbeiten an der internationalen Weltraumstation ISS, die 2004 fertiggestellt sein soll. Foto: Astronaut Jerry Ross verkabelt die beiden Bauteile. – Mit den Stimmen der rot-grünen Regierungskoalition beschließt der Bundestag die erste Stufe der geplanten Steuerreform. Zum 1. Januar 1999 werden der Eingangssteuersatz gesenkt und das Kindergeld erhöht. Am 18. Dezember gibt der Bundesrat seine Zustimmung.

7. Unter Leitung von Bundeskanzler Gerhard Schröder treffen sich in Bonn sechs Regierungsmitglieder, vier Repräsentanten des Arbeitgeberlagers und fünf Gewerkschaftschefs zum ersten Spitzengespräch im Rahmen des „Bündnisses für Arbeit, Ausbildung und Wettbewerbsfähigkeit“. Schröder will mit dem Bündnis erreichen, dass im Konsens zwischen Regierung und Tarifparteien Rahmenbedingungen für die Einrichtung neuer Arbeitsplätze geschaffen werden. Foto (von links): BDI-Präsident Hans-Olaf Henkel, Arbeitgeberpräsident Dieter Hundt, der DGB-Vorsitzende Dieter Schulte und IG-Metall-Chef Klaus Zwickel im Kanzleramt.

8. Die NATO will auf einen möglichen Ersteinsatz von Atomwaffen im Konfliktfall nicht verzichten. Der deutsche Außenminister Joschka Fischer stößt mit seinem Vorschlag, auf die Ersteinsatz-Doktrin zu verzichten, bei der Herbsttagung des Militärbündnisses auf Widerstand insbesondere bei den Nuklearmächten Großbritannien, Frankreich und USA.

9. Als erste Frau wird Ruth Dreifuss zur Schweizer Bundespräsidentin gewählt (S. 27). – Wenige Wochen nachdem er seine politischen Ämter niedergelegt hat und in die Privatwirtschaft gewechselt ist, stirbt der ehemalige SPD-Fraktionschef im nordrhein-westfälischen Landtag, Klaus Matthiesen (Archivfoto vom August 1996), im Alter von 57 Jahren in Düsseldorf. Matthiesen war zehn Jahre lang Umweltminister in Nordrhein-Westfalen. – Anthropologen entdecken in Südafrika das vollständige Skelett eines Urmenschen, das etwa 3,58 Millionen Jahre alt sein dürfte. Nach Aussagen der Wissenschaftler handelt es sich um den bedeutendsten anthropologischen Fund des Jahrhunderts. Der Affenmensch gehört zur Art des vermutlich aufrecht gehenden Australopithecus und liefert der Wissenschaft neue Erkenntnisse über die Entwicklung des Menschen.

10. Die Verabschiedung der UN-Menschenrechtserklärung jährt sich zum 50. Mal (S. 26).

11. In Wien beginnt das zweitägige EU-Gipfeltreffen (S. 24). Zum Auftakt wird dem früheren Bundeskanzler Helmut Kohl für seine Verdienste um die europäische Einigung die europäische Ehrenbürgerschaft verliehen, die höchste Auszeichnung, die von der EU vergeben wird. – Beim Absturz eines Passagierflugzeugs in Südthailand kommen 101 Personen ums Leben (S. 28). – Der frühere bayerische Ministerpräsident Max Streibl (Archivfoto von 1991) stirbt im Alter von 66 Jahren in München. Der CSU-Politiker übernahm nach dem Tod von Franz Josef Strauß 1988 das Amt des Regierungschefs, musste aber 1993 nach Vorwürfen im Zusammenhang mit der „Amigo-Affäre“ zurücktreten.

12. Der Bundesparteitag von Bündnis 90/Die Grünen in Leipzig wählt Gunda Röstel und Antje Radcke zu Vorstandssprecherinnen (S. 24). – Der Präsident des Zentralrats der Juden in Deutschland, Ignatz Bubis, nimmt den Vorwurf der „geistigen Brandstiftung“ gegen Martin Walser nach einem persönlichen Gespräch mit dem Schriftsteller

zurück. Walser hatte sich in seiner Rede zur Verleihung des Friedenspreises des Deutschen Buchhandels im Oktober gegen die Rituale der Vergangenheitsbewältigung gewandt und vor einer „Instrumentalisierung von Auschwitz" gewarnt.

14. Als erster US-Präsident stattet Bill Clinton den palästinensischen Autonomiegebieten einen Besuch ab (S. 23).

17. Der Bundesgerichtshof in Karlsruhe lehnt den Einsatz von Lügendetektoren in Strafprozessen generell ab. Damit ist auch die Revisionsklage zweier Männer, die wegen sexuellen Missbrauchs von Kindern zu fünf und drei Jahren Haft verurteilt worden sind, gescheitert. Sie hatten beantragt, ihre Unschuld durch ein Glaubwürdigkeitsgutachten mit Hilfe eines Lügendetektors beweisen zu dürfen.

18. Bei Klein Bünzow in der Nähe von Anklam (Kreis Ostvorpommern) entgleist ein Güterzug. Ursache ist vermutlich ein Anschlag der Bahnerpresser (S. 25). – Nach mehrstündiger Verfolgungsjagd versenkt die südkoreanische Armee ein mutmaßliches nordkoreanisches Spionage-Boot, das in südkoreanische Gewässer eingedrungen war. – Die Weltwetterorganisation WMO teilt in Genf mit, dass die globale Erwärmung 1998 dramatisch gestiegen ist. Das Jahr war das wärmste seit Beginn der Temperaturmessungen 1860.

19. Nach vier Tagen beenden Großbritannien und die USA eine Staffel von Luftangriffen auf den Irak. Die Militäraktion erfolgt in Reaktion auf die mangelnde Bereitschaft des irakischen Staatspräsidenten Saddam Hussein, mit den UN-Rüstungskontrolleuren zusammenzuarbeiten (S. 29). – Das amerikanische Repräsentantenhaus stimmt mit knapper Mehrheit für die Einleitung eines Amtsenthebungsverfahrens gegen US-Präsident Bill Clinton wegen Meineids und Behinderung der Justiz im Zusammenhang mit der Lewinsky-Affäre (S. 43).

20. In einem Kinderkrankenhaus in Houston/Texas bringt eine Nigerianerin Achtlinge zur Welt (S. 30).

21. Zwei führende chinesische Bürgerrechtler, Xu Wenli und Wang Youcai, werden zu Haftstrafen von 13 bzw. 11 Jahren verurteilt. Am nächsten Tag erhält der dritte Angeklagte, Qin Yongmin, wegen „Umsturz der Staatsgewalt" 12 Jahre Haft.

22. Der mutmaßliche Haupttäter bei den Erpressungen der Deutschen Bahn AG wird bei einer fingierten Geldübergabe in Bayern gefasst (S. 25).

23. Der frühere belgische Wirtschaftsminister und Ex-NATO-Generalsekretär Willy Claes wird vom Obersten Gerichtshof in Brüssel wegen Bestechlichkeit zu drei Jahren Haft auf Bewährung verurteilt. Die 15 Richter sehen es als erwiesen an, dass sich Claes bei Rüstungsgeschäften Ende der 80er Jahre der passiven Korruption schuldig gemacht hat. Er verliert außerdem für fünf Jahre seine politischen Rechte. Foto: Bei Prozessbeginn im September 1998 wird Claes in den Brüsseler Justizpalast geführt. – Gegen Zahlung von 10 Mio. DM stellt das Berliner Landgericht das Strafverfahren wegen des Verdachts der Untreue gegen den früheren Thyssen-Chef Dieter Vogel und zehn weitere Manager des Unternehmens ein. Zur Begründung wird auf die lange Dauer des Prozesses und die vermutlich geringe Schuld der Manager verwiesen.

25. Der Versuch des Briten Richard Branson, als erster Mensch die Erde im Nonstopflug mit dem Ballon zu umrunden, scheitert wegen ungünstiger Wetterbedingungen über dem Pazifik (S. 58).

28. Bei der Hochseeregatta Sydney–Hobart geraten zahlreiche Yachten in Seenot. Sechs Segler kommen bei schweren Stürmen und hohem Wellengang ums Leben (S. 30).

29. Zwei hohe Vertreter der Roten Khmer, die zur kambodschanischen Regierung übergelaufen sind, äußern auf einer Pressekonferenz in Phnom Penh ihr Bedauern über die während des Pol-Pot-Regimes der Roten Khmer in den 70er Jahren begangenen Massenmorde (S. 28). – Vier im Jemen verschleppte ausländische Touristen kommen bei einer missglückten Befreiungsaktion ums Leben (S. 29).

31. Einen Tag vor Beginn der Europäischen Währungsunion legen die Finanzminister der EU die Umrechnungskurse des Euro zu den Währungen der elf Euro-Länder fest. Für Deutschland entspricht ein Euro 1,95583 DM (S. 31). – Die französische Regierung gibt offiziell das Ende des umstrittenen Brutreaktors Superphénix in Creys-Malville bei Grenoble bekannt. Das Kraftwerk war 1986 mit fünfjähriger Verzögerung ans Netz gegangen und hatte seitdem eine Serie von Pannen erlebt. Eine Expertenkommission kam im Sommer 1998 zu dem Ergebnis, dass der seit 1996 stillstehende Brutreaktor, der mehr Plutonium produziert, als er verbraucht, überdimensioniert und zu teuer sei.

2.1.

2.1.

6.1.

13.1.

JANUAR 1999

1. Für elf EU-Länder beginnt die europäische Währungsunion (S. 31). – Deutschland übernimmt turnusgemäß für ein halbes Jahr die EU-Ratspräsidentschaft. – Zum Jahreswechsel treten in Deutschland mehrere Gesetzesänderungen in Kraft, mit denen die rot-grüne Bundesregierung Korrekturen ihrer Vorgängerin in der Arbeits-, Sozial- und Gesundheitspolitik zurücknimmt: Der volle Kündigungsschutz für Arbeitnehmer wird auch in Betrieben zwischen sechs und zehn Mitarbeitern wiederhergestellt; die schrittweise Senkung des Rentenniveaus für 1999 und 2000 wird ausgesetzt; die gesetzliche Entgeltfortzahlung im Krankheitsfall beträgt wieder 100%; die Zuzahlungen von Kassenpatienten für Medikamente werden gesenkt.

2. Der Publizist und Historiker Sebastian Haffner (Archivfoto von 1978), der u.a. mit Büchern über den Nationalsozialismus und die Geschichte Preußens von sich reden machte, stirbt im Alter von 91 Jahren in Berlin. – Der Komponist und Opernintendant Rolf Liebermann (undatiertes Archivfoto) erliegt im Alter von 88 Jahren einer längeren schweren Krankheit. Der aus Zürich stammende Liebermann hat die Opernhäuser in Hamburg und Paris als Intendant zu internationalen Erfolgen geführt. Ein Schwerpunkt seiner Arbeit lag auf der zeitgenössischen Musik.

6. Der Jazzpianist Michel Petrucciani – das Foto wurde während eines Konzerts in der Frankfurter Oper 1995 aufgenommen – stirbt in einem New Yorker Krankenhaus. Der französische Musiker, der an der „Glasknochenkrankheit“ litt, wurde nur 36 Jahre alt. Im deutschen Fernsehen war der bedeutende Jazzmusiker als musikalischer Begleiter der ZDF-Talkshow „Willemsens Woche“ präsent. – Die UN-Waffenkontrollkommission für den Irak (UNSCOM) gerät in den Verdacht, Spionage für die USA betrieben zu haben. Regierungsbeamte in Washington bestätigen Medienberichte, wonach ein als US-Rüstungskontrolleur getarnter Spion in den Irak eingeschleust worden sei, der ein System zum Abhören der Kommunikation des irakischen Sicherheitsdienstes installieren sollte (S. 29).

7. Der US-Senat leitet das Amtsenthebungsverfahren gegen Präsident Bill Clinton ein (S. 43).

11. Der bisherige Vize-Regierungschef der Türkei, Bülent Ecevit, bildet eine neue Regierung. Das Minderheitskabinett seiner Demokratischen Linkspartei soll bis zu vorgezogenen Neuwahlen im April im Amt bleiben. – Bei der Präsidentenwahl in Kasachstan wird Staatschef Nursultan Naserbajew in seinem Amt bestätigt. Die OSZE erklärt, die Wahl sei nicht nach demokratischen Prinzipien abgelaufen.

13. Mit einem strahlenden Lächeln gibt Michael Jordan (Foto), der Superstar der Chicago Bulls, seinen Abschied vom Basketball bekannt. Nach 13 Spielzeiten in der Profiliga NBA hat der 35-Jährige offenbar genug: „Ich habe als Basketballer alles erreicht, und mir fehlt einfach die mentale Motivation“ – mit diesen Worten erklärt er seinen Rücktritt. Jordan will sich künftig auf seine Pflichten als Vater konzentrieren. – Bundesinnenminister Otto Schily legt einen Gesetzentwurf zur doppelten Staatsbürgerschaft vor, der es den meisten in der Bundesrepublik lebenden Ausländern ermöglicht, einen deutschen Pass zu erhalten, ohne auf die angestammte Staatsbürgerschaft zu verzichten. Die CDU kündigt eine Unterschriftenaktion gegen das Vorhaben an (S. 48). – Die Mehrheit der Abgeordneten des Europaparlaments in Straßburg bringt einen Misstrauensantrag gegen die EU-Kommission zum Scheitern, die wegen zahlreicher Betrugs- und Korruptionsvorwürfe in die Kritik geraten ist (S. 60). – Der Schauspieler Karl Lieffen („Tadellöser & Wolff“, „Dem Täter auf der Spur“) stirbt im Alter von 72 Jahren in Starnberg bei München.

14. In Südindien kommen 52 Menschen ums Leben, als ein Erdwall unter dem Ansturm von Pilgern abrutscht und eine Panik ausbricht.

16. Beim Dorf Racak in der serbischen Provinz Kosovo werden die Leichen von 45 albanischen Zivilisten gefunden, die vermutlich von serbischen Sicherheitskräften ermordet worden sind (S. 33). – Als Nachfolger von Theo Waigel wählt die CSU auf einem Parteitag in München den bayerischen Ministerpräsidenten Edmund Stoiber zu ihrem Vorsitzenden (S. 39). – Lothar Bisky wird auf einem Parteitag in Berlin als Vorsitzender der PDS bestätigt.

19. Der von Film und Fernsehen bekannte Schauspieler Günter Strack stirbt im Alter von 69 Jahren (S. 38). – In einem Aufsehen erregenden Urteil stellt das Bundesverfassungsgericht fest, dass verheiratete Eltern seit Jahren gegenüber unverheirateten benachteiligt werden. Die Karlsruher Richter fordern die Bundesregierung auf, die Familien steuerlich deutlich zu entlasten. Bundesfinanzminister Oskar Lafontaine rechnet nach einer groben Schätzung mit Steuerausfällen von 22,5 Mrd. DM durch das Familienurteil. Bundeskanzler Gerhard Schröder kündigt an, seine Regierung werde die „schreiende Ungerechtigkeit“ bei der Familienbesteuerung be-

22.1.

seitigen. – Das Bundesarbeitsgericht in Kassel bestätigt in einem Grundsatzurteil, dass generelle Rauchverbote am Arbeitsplatz zulässig sind. Rauchern muss allerdings auf dem Betriebsgelände Gelegenheit zum Tabakkonsum unter annehmbaren Bedingungen gegeben werden.

22. Nach sechs Jahren Bauzeit wird das Berliner Jüdische Museum an seinen Direktor, den früheren US-Finanzminister Michael Blumenthal, übergeben. Das Gebäude des amerikanischen Architekten Daniel Libeskind in raffinierter Zick-Zack-Form, die auch als geborstener Davidstern gedeutet wird, ist mit 10 000 Quadratmetern Fläche für Ausstellungen, Archiv und Konferenzen das größte jüdische Museum in Europa: Foto: Schmale Lichtbänder bestimmen den Raumeindruck in den oberen Etagen des Museums. – Die teilweise gewalttätigen Streikaktionen rumänischer Bergarbeiter gehen zu Ende, da sich Gewerkschaften und Regierung auf einen Kompromiss in der Frage von Zechenschließungen und Lohnerhöhungen für die Kumpel aus dem Schiltal geeinigt haben (S. 33). – Der Hochstapler Gert Postel, ein gelernter Postbote, der sich wiederholt als Arzt ausgegeben hatte und zuletzt mit gefälschten Papieren eine Oberarzt-Stelle in der Psychiatrie eines sächsischen Krankenhauses bekleidet hatte, wird zu vier Jahren Haft verurteilt.

23. Unter Ausschluss der Öffentlichkeit werden Prinzessin Caroline von Monaco und Prinz Ernst August von Hannover in Monaco standesamtlich getraut (S. 36).

24. Die Unionsparteien präsentieren die parteilose thüringische Wissenschaftlerin Dagmar Schipanski als ihre Kandidatin für die Bundespräsidentenwahl (S. 39).

25. Bei einem Erdbeben in Kolumbien sterben etwa 2000 Menschen (S. 35).

26. In Bonn findet die erste Runde der Energiekonsensgespräche zwischen der Bundesregierung und Spitzenvertretern der Stromversorger statt. Danach erklärt Bundeskanzler Gerhard Schröder, dass der von Bundesumweltminister Jürgen Trittin anvisierte Stopp der Atommüll-Wiederaufbereitung zum Jahresende 1999 nicht realisierbar sei (S. 37). – Während einer USA-Reise trifft sich Papst Johannes Paul II. mit US-Päsident Bill Clinton (S. 37). – Der Bayerische Staatsintendant August Everding stirbt 70-jährig in München (S. 38).

28. Der britische Kronprinz Charles bekennt sich zu seiner langjährigen Geliebten Camilla Parker Bowles, indem er erstmals gemeinsam mit ihr in der Öffentlichkeit auftritt (S. 36).

30. Siegerin der diesjährigen Australian Open ist der Schweizer Tennisstar Martina Hingis. Bei den Herren gewinnt der Russe Jewgeni Kafelnikow (S. 40). – Nach einer Teilsanierung wird das Weimarer Nationaltheater mit einer Inszenierung von Goethes „Faust“ wieder eröffnet (S. 40).

5.2.

12.2.

13.2.

FEBRUAR 1999

1. Ein neues Medikament gegen krankhaftes Übergewicht kommt in den Handel. Das von der BASF entwickelte Mittel mit Namen Reductil erhöht die Konzentration der Botenstoffe Serotonin und Noradrenalin und verstärkt so das Sättigungsgefühl.
4. Als Ergebnis von Forschungen des hauseigenen Historischen Instituts teilt die Deutsche Bank mit, dass sie an der Finanzierung des Konzentrationslagers Auschwitz beteiligt war. – Zum Abschluss der Welt-Dopingkonferenz in Lausanne legt das Internationale Olympische Komitee (IOC) eine Erklärung vor, in der es sich zur Gründung einer unabhängigen Doping-Agentur bis zu den Olympischen Spielen 2000 in Sydney verpflichtet. Außerdem wird ein neues Anti-Doping-Gesetz vorgeschlagen, nach dem Dopingsünder in der Regel für zwei Jahre gesperrt werden sollen. Allerdings sind den internationalen Fachverbänden in Einzelfällen Ausnahmen erlaubt. – Die deutsche Wissenschaftlerin Beatrice Hahn teilt mit, dass sie und ihre Mitarbeiter von der Universität Alabama (USA) große Ähnlichkeiten zwischen den Genen des Aids-Virus und des entsprechenden Erregers in westafrikanischen Schimpansen festgestellt haben. Sie geht davon aus, dass diese Schimpansen die Quelle des HIV-Virus, des Hauptverursachers der Aids-Seuche, sind.
5. Wegen hoher Verluste bei dem britischen Tochterunternehmen Rover beruft der Aufsichtsrat des deutschen Automobilunternehmens BMW den Vorstandschef Bernd Pischetsrieder (Foto) ab. Nachfolger wird der bisherige Produktionsvorstand Joachim Milberg.
6. In einem Freundschaftsspiel unterliegt die deutsche Fußball-Nationalmannschaft den USA mit 0:3 (S. 44)
7. Siegerin der Mehrkampf-Weltmeisterschaften im Eisschnelllauf ist die Erfurterin Gunda Niemann-Stirnemann (S. 46). – Infolge der Landtagswahlen in Hessen kommt es zu einem Machtwechsel. CDU und FDP verfügen danach über eine Mehrheit von zwei Mandaten im Wiesbadener Landtag und bilden eine Regierungskoalition mit Roland Koch (CDU) als Ministerpräsidenten. Die Ergebnisse: CDU 43,4% (1995: 39,2%), SPD 39,4% (38,0%), Bündnis 90/Die Grünen 7,2% (11,2%) und FDP 5,1% (7,4%). – In Amman stirbt der jordanische König Hussein II. (S. 52).
9. Der nordrhein-westfälische Verwaltungsgerichtshof in Münster entscheidet, dass die Zusammenlegung von Innen- und Justizministerium in Nordrhein-Westfalen rückgängig gemacht werden muss. Die Fusion verstößt gegen das Prinzip der Gewaltenteilung. – Bei einem Lawinenunglück in den französischen Alpen bei Chamonix sterben zwölf Menschen (S. 41, 42).
10. Bei einem verheerenden Brand im Polizeigebäude der russischen Stadt Samara sterben 67 Menschen. Die Polizei schließt Brandstiftung als Ursache nicht aus und vermutet die Täter im Bereich des organisierten Verbrechens. – Die Ethik-Kommission des olympischen Organisationskomitees von Salt Lake City führt insgesamt 24 Mitglieder des Internationalen Olympischen Komitees auf, die im Verdacht stehen, in den Bestechungsskandal im Zusammenhang der Vergabe der Olympischen Winterspiele 2002 verwickelt zu sein.
12. Das Amtsenthebungsverfahren gegen US-Präsident Bill Clinton im Zusammenhang mit der Lewinsky-Affäre ist gescheitert (S. 43). – Der Schauspieler Heinz Schubert, den Fernsehzuschauern vor allem als „Ekel Alfred" (Szenenfoto aus der TV-Serie „Ein Herz und eine Seele") bekannt, stirbt im Alter von 73 Jahren in Hamburg. Das Image des tyrannischen Spießbürgers Alfred Tetzlaff, der mit Hosenträgern und Filzpantoffeln gegen die Sozis wettert und seiner Umgebung das Leben schwer macht, wurde Schubert nie ganz los. – Französische Drogenfahnder stellen auf einem Lagerplatz in Tigery südöstlich von Paris 1,25 Tonnen Kokain sicher. Es ist die größte jemals in Frankreich gefundene Rauschgiftmenge.
13. Der 28-jährige Omar Ben Noui wird im brandenburgischen Ort Guben (Kreis Spree-Neiße) auf der Flucht vor einer Gruppe ausländerfeindlicher Jugendlicher tödlich verletzt. Der durch die Stadt gehetzte algerische Asylbewerber durchtrennt sich bei einem Sprung in eine Glasscheibe die Schlagader und verblutet. Die Polizei geht davon aus, dass etwa 15 Jugendliche aus der rechten Szene an der Jagd auf insgesamt drei Asylbewerber beteiligt waren. Foto: Ein junger Mann entzündet eine Kerze in dem Hauseingang, in dem Omar Ben Noui zu Tode kam. – Ein sizilianisches Gericht verurteilt sieben hochrangige Mafiabosse wegen der spektakulären Ermordung des Mafia-Richters Paolo Borsellino 1992 zu lebenslanger Haft. Zehn weitere Angeklagte erhalten langjährige Haftstrafen, einer wird freigesprochen.
14. Der Norweger Lasse Kjus gewinnt bei den alpinen Ski-Weltmeisterschaften in Vail/Colorado (USA) fünf Medaillen (S. 46).
15. Der Chef der kurdischen Arbeiterpartei PKK, Abdullah Öcalan, wird von einem türkischen Kommando aus der keniani-

21.2.

schen Hauptstadt Nairobi in die Türkei verschleppt (S. 49).
17. Bei der versuchten Besetzung des israelischen Generalkonsulats in Berlin werden drei Kurden von israelischen Sicherheitskräften erschossen, ein vierter erliegt später seinen Verletzungen. Öffentliche Kritik wird nicht nur am Vorgehen der Konsulatsangehörigen, sondern auch an der Berliner Polizei geübt, weil sie das sensible Gebäude nicht ausreichend geschützt habe (S. 49).
18. Der Meisterfotograf Andreas Feininger stirbt im Alter von 92 Jahren in New York. Der Sohn des Malers Lyonel Feininger hat jahrzehntelang für das amerikanische Magazin „Life" gearbeitet, zahlreiche Monografien und Lehrbücher zur Fotografie veröffentlicht. – Der Tarifkonflikt in der Metallindustrie Baden-Württembergs wird unter Leitung des SPD-Politikers Hans-Jochen Vogel erfolgreich geschlichtet. Die Tarifparteien handeln eine effektive Lohnerhöhung von 3,6% aus.
19. Mit einem Feuerwerk feiert sich Weimar als Kulturhauptstadt Europas (S. 44). – In China wird mit dem Frühlingsfest der Beginn des neuen Jahres begangen (S. 50).
20. Das Todesurteil gegen den im Iran inhaftierten Helmut Hofer wird aufgehoben. Der wegen einer angeblichen sexuellen Beziehung zu einer Muslimin 1998 in Teheran zum Tode verurteilte deutsche Geschäftsmann darf das Land allerdings nicht verlassen.
21. Martin Schmitt gewinnt vor Sven Hannawald bei den nordischen Ski-Weltmeisterschaften das Einzelspringen (S. 46). – Mit der Vergabe des Goldenen Bären an „Der schmale Grat" von Terrence Malick gehen in Berlin die 49. Internationalen Filmfestspiele (Foto vom Zoopalast) zu Ende. – Bei einem Lawinenabgang im Schweizer Bergdorf Evolene sterben zwölf Menschen (S. 41, 42).
22. Das deutsche Team gewinnt das Mannschaftsspringen bei den nordischen Ski-Weltmeisterschaften in Bischofshofen (S. 46).
23. Die internationale Kosovo-Friedenskonferenz in Schloss Rambouillet bei Paris wird vertagt, ohne dass es zur Unterzeichnung eines Friedensvertrags kam (S. 43). – Lawinenabgänge in Galtür und Valzur im österreichischen Paznauntal fordern 38 Menschenleben (S. 41, 42). – Eine Woche nach seiner Festnahme wird der kurdische Rebellenführer Abdullah Öcalan in der Türkei des Hochverrats angeklagt (S. 49).

27.2.

24. Bei einem Flugzeugabsturz im Osten Chinas kommen alle 61 Menschen an Bord ums Leben. Die Tupolew 154 explodiert beim Landeanflug auf Wenzhou aus ungeklärter Ursache in der Luft und stürzt in ein Reisfeld.
25. Zwei Tage nach dem vorläufigen Scheitern der Kosovo-Friedenskonferenz von Rambouillet (S. 43) stimmt der Bundestag mit breiter Mehrheit der Bereitstellung von 5000 Bundeswehrsoldaten für eine internationale Friedenstruppe unter NATO-Führung im Kosovo zu. Für die Entsendung votieren in namentlicher Abstimmung 552 Abgeordnete, dagegen stimmen 42, darunter die Mandatsträger der PDS. Zehn Abgeordnete enthalten sich.
26. Trotz des wieder aufgeflammten Bürgerkriegs zwischen Truppen der angolanischen Regierung und des einstigen Rebellenführers Jonas Savimbi beendet der Weltsicherheitsrat das Mandat für die UNO-Friedensmission in dem afrikanischen Staat. UN-Generalsekretär Kofi Annan hatte das Ende der Mission empfohlen, da er kaum noch Wirkungsmöglichkeiten für die UNO sah, nachdem auch der angolanische Präsident José Eduardo dos Santos das Ende des Mandats gefordert hatte.
27. Sieger der ersten demokratischen Präsidentenwahlen in Nigeria nach 15 Jahren Diktatur ist der einst freiwillig abgetretene Militärherrscher Olusegun Obasanjo (Foto), auf den 62,78% der Stimmen entfallen, während der einzige Gegenkandidat, der frühere Finanzminister Olu Falae, nur 37,22% auf sich vereinigt. Eine Woche zuvor hat Obasanjos Demokratische Volkspartei bei Parlamentswahlen die Mehrheit in beiden Kammern – Senat und Repräsentantenhaus – gewonnen.

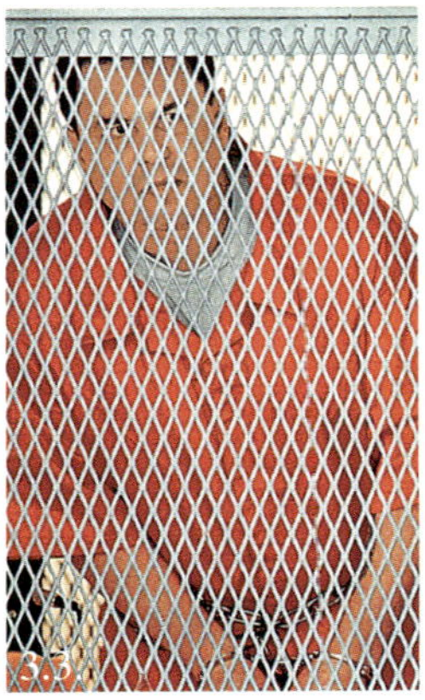
3.3.

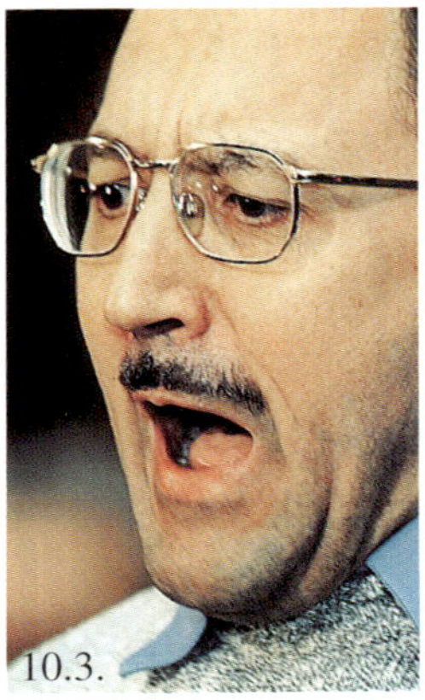
10.3.

11.3.

11.3.

MÄRZ 1999

3. Die britische Soulsängerin Dusty Springfield stirbt im Alter von 59 Jahren (S. 62). – Der Deutsche Walter LaGrand (Foto), der zusammen mit seinem Bruder Karl LaGrand 1984 wegen Mordes an einem Bankmanager zum Tode verurteilt worden ist, wird in der Gaskammer von Florence/Arizona (USA) hingerichtet. Gegen Karl LaGrand wurde das Urteil bereits am 24. Februar per Injektion vollstreckt. Die deutsche Bundesregierung verurteilt die Hinrichtungen als Bruch des Völkerrechts. Sie verweist darauf, dass den Brüdern LaGrand keine Gelegenheit gegeben worden sei, Rechtsschutz durch die deutsche Vertretung in den USA zu erhalten.

5. Im chilenischen La Silla wird das leistungsfähigste Teleskop der Welt eingeweiht. Das „Very Large Teleskop" gehört zur Europäischen Südsternwarte in Garching bei München. Astronomen können damit rund zwölf Milliarden Lichtjahre weit ins All schauen. – Die US-Regierung legt eine Studie vor, wonach es 1998 aufgrund von Rekordtemperaturen in den Weltmeeren zu einem Massensterben von Korallen gekommen ist. In einigen Gebieten von der Karibik bis zum Ostpazifik sind bereits mehr als 70% der empfindlichen Korallenriffe zerstört.

7. Die Freiheitliche Partei Österreichs (FPÖ) des Rechtspopulisten Jörg Haider wird bei den Landtagswahlen in Kärnten zum ersten Mal in einem österreichischen Bundesland stärkste Partei (S. 57). – Hollywood-Regisseur Stanley Kubrick stirbt 70-jährig in seinem Haus in Großbritannien (S. 63).

10. Der österreichische Bombenbauer Franz Fuchs (Foto) wird vom Landesgericht in Graz wegen mehrfachen Mordes aus „rassistischen und fremdenfeindlichen Gründen" zu lebenslanger Haft verurteilt. Das Schwurgericht verfügt außerdem seine Einweisung in eine Anstalt für „geistig abnorme Rechtsbrecher". Fuchs werden die Explosion dreier Rohrbomben sowie Planung und Ausführung von 25 Briefbombenanschlägen zur Last gelegt. Dabei waren vier Menschen getötet und 15 zum Teil schwer verletzt worden, darunter der ehemalige Wiener Bürgermeister Helmut Zilk.

11. Oskar Lafontaine legt überraschend seine politischen Ämter nieder (S. 56). – Am letzten Tag seines dreitägigen Besuchs in Rom trifft der iranische Staatspräsident Mohammed Chatami mit Papst Johannes Paul II. zusammen (Foto). Diese erste Visite eines iranischen Staatsoberhaupts in einem westlichen Land seit der islamischen Revolution von 1979 markiert einen Wendepunkt in den Beziehungen zwischen dem Iran und Europa. – Der Schriftsteller Hansjörg Martin (Archivfoto aus dem Jahr 1978), der erfolgreichste deutschsprachige Kriminalautor der Gegenwart, stirbt im Alter von 78 Jahren an seinem Zweitwohnsitz auf der Baleareninsel Mallorca. Martins Werke – am bekanntesten vielleicht der Roman „Einer fehlt beim Kurkonzert" – zeichnen sich durch eindringliche, sozialkritische Milieuschilderungen aus. Sie wurden in 13 Sprachen übersetzt und vom Autor selbst vielfach für Fernsehen und Rundfunk bearbeitet. Martin begann seine schriftstellerische Arbeit in den 50er Jahren mit Kindergeschichten. 1986 wurde er als Begründer des „neuen deutschen Kriminalromans" mit dem Bundesverdienstkreuz ausgezeichnet. Sein Werk erreichte weltweit eine Gesamtauflage von 5 Mio.

12. Polen, Tschechien und Ungarn treten offiziell der NATO bei (S. 56). – In einem Berliner Krankenhaus stirbt der Geiger und Dirigent Yehudi Menuhin (S. 64).

15. Die prominente nordirische Rechtsanwältin Rosemary Nelson erliegt in Lurgan in der Grafschaft Armagh den Folgen eines Autobombenanschlags. Zu dem Attentat bekennt sich eine Splittergruppe protestantischer Paramilitärs mit dem Namen „Red Hand Defenders".

16. Nach Vorlage eines Untersuchungsberichts, der der EU-Kommission bescheinigt, sie habe die Kontrolle über die Verwaltung und die Finanzen der EU verloren, treten die 20 Kommissare geschlossen zurück (S. 60).

17. Der frühere Berliner Generalintendant Boleslaw Barlog stirbt 92-jährig in Berlin-Lichterfelde. Er leitete 27 Jahre die Staatlichen Schauspielbühnen in Berlin. – Das Internationale Olympische Komitee (IOC) schließt auf einer Außerordentlichen Vollversammlung sechs Mitglieder wegen ihrer Verfehlungen im Bestechungsskandal um die Vergabe der Olympischen Winterspiele 2002 an die amerikanische Stadt Salt Lake City aus. Zum Auftakt sprach die Vollversammlung mit nur zwei Gegenstimmen IOC-Präsident Juan Antonio Samaranch ihr Vertrauen aus.

18. Die Delegation der Kosovo-Albaner unterzeichnet als einzige der beiden Konfliktparteien den Friedensvertrag, mit dem die internationale Gemeinschaft das Blutvergießen in der zu Serbien gehörenden Krisenprovinz beenden will. Die serbische Seite lehnt eine Unterschrift ab (S. 53–55).

20. Der amerikanische Popstar Michael Jackson (Foto, mit Thomas Gottschalk) reist eigens nach Deutschland, um bei einem Auftritt in der

21.3.

20.3.

21.3.

TV-Show „Wetten dass ..." für sein Benefiz-Projekt „Abenteuer Menschlichkeit" zu werben.

21. Der Schweizer Bertrand Piccard und der Brite Brian Jones landen nach der ersten Nonstop-Weltumrundung mit dem Ballon sicher in Ägypten (S. 58). – Der Italiener Roberto Benigni erhält einen Oscar als bester Hauptdarsteller für seine im KZ spielende Tragikomödie „Das Leben ist schön" (S. 64). – In den ersten drei Wochen des März sind bei Ausschreitungen von Dajaks, den ursprünglichen Einwohnern im indonesischen Teil der Insel Borneo (Kalimantan), gegen Einwanderer aus Java (Foto) etwa 200 Menschen ums Leben gekommen. Auch auf der Molukkeninsel Ambon gab es seit Januar wiederholt gewalttätige Auseinandersetzungen zwischen Christen und Muslimen. – Skisprung-Doppelweltmeister Martin Schmitt (Foto) belegt beim Skifliegen in Planica den dritten Platz und sichert sich damit den Gesamtsieg im Weltcup. Der 21-jährige Schwarzwälder ist der zweite deutsche Weltcup-Gesamtsieger im Skispringen nach Jens Weißflog 1984. – Bei den Parlamentswahlen in Finnland können die Sozialdemokraten trotz Verlusten ihre Stellung als größte Partei im Reichstag behaupten und damit in einer Fünf-Parteien-Koalition weiterhin die Regierung bilden.

24. Die Lordrichter des britischen Oberhauses entscheiden, dass der chilenische Ex-Diktator Augusto Pinochet keine Immunität genießt (S. 57). – Bei einem Großbrand im Montblanc-Tunnel kommen mindestens 40 Menschen ums Leben (S. 60). – Auf einem Sondergipfel in Berlin nominieren die Staats- und Regierungschefs der EU-Länder den Italiener Romano Prodi zum neuen EU-Kommissionspräsidenten (S. 61). – Die NATO fliegt – wie für den Fall des Scheiterns diplomatischer Bemühungen zur Lösung der Kosovo-Krise angedroht – die ersten Luftangriffe auf Ziele in Jugoslawien (S. 53–55).

26. Auf dem EU-Sondergipfel in Berlin wird das Reformpaket Agenda 2000 verabschiedet (S. 61).

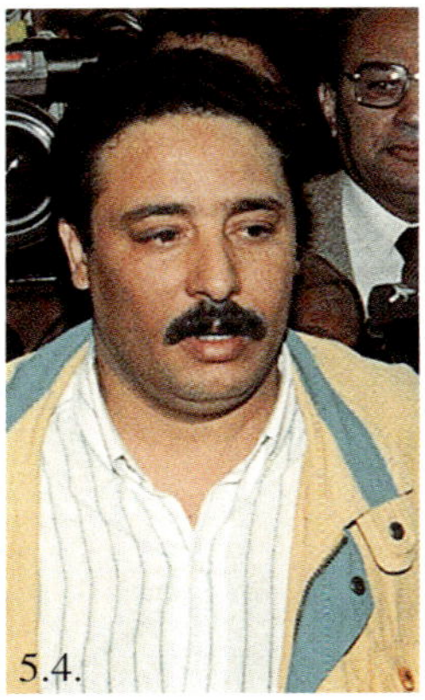
5.4.

5.4.

12.4.

13.4.

APRIL 1999

1. Gesetzliche Änderungen für die geringfügigen Beschäftigungsverhältnisse treten in Kraft (S. 69). – Die erste Stufe des Steuerentlastungsgesetzes und eine Mineralölsteuererhöhung werden wirksam (S. 70). – Vor der nigerianischen Küste sinkt im Sturm das überladene Fährschiff „MS George" und reißt über 200 Menschen in den Tod. – Der jugoslawische Präsident Slobodan Milosevic trifft in Belgrad überraschend mit dem Kosovo-Politiker Ibrahim Rugova zusammen. Westliche Medien vermuten, dass Rugova zu der Begegnung gezwungen worden sei.
2. Nach Angriffen auf eine Brücke nahe der serbischen Stadt Novi Sad ist die Donauschifffahrt blockiert.
5. Mehr als zehn Jahre nach dem Anschlag auf ein US-Verkehrsflugzeug über dem schottischen Lockerbie überstellt Libyen die beiden Tatverdächtigen, Amin Chalifa Fuheima (Foto links) und Ali el Mikrahi (rechts), einem Rechtsvertreter der Vereinten Nationen. Den beiden soll nach schottischem Recht in den Niederlanden der Prozess gemacht werden. Bei dem Anschlag am 21. Dezember 1988 waren 270 Menschen ums Leben gekommen. – Bei einem NATO-Angriff auf die serbische Stadt Aleksinac sterben 17 Zivilisten. In Brüssel spricht man von einem Fehltreffer.
7. Zwei Wochen nach Beginn der NATO-Luftangriffe auf Jugoslawien bringt eine Maschine der Bundesluftwaffe 60 Kriegsflüchtlinge aus dem Kosovo nach Deutschland. Insgesamt nimmt Deutschland bis Mitte April 10 000 Kosovo-Albaner auf.
9. Beim Beschuss eines nordalbanischen Grenzdorfes durch serbische Truppen werden zwei Menschen getötet und acht verwundet. Es ist der schwerste Grenzzwischenfall seit Beginn des Kosovokrieges.
12. Der frühere hessische Ministerpräsident Hans Eichel (SPD, links) erhält von Bundespräsident Roman Herzog die Ernennungsurkunde als Bundesfinanzminister. Er ist Nachfolger des im März zurückgetretenen Oskar Lafontaine (S. 56). – Drei Fahrgäste sterben beim Absturz eines Zuges der Wuppertaler Schwebebahn (S. 69). – Bundeskanzler Gerhard Schröder wird auf einem SPD-Sonderparteitag in Bonn als Nachfolger des zurückgetretenen Oskar Lafontaine zum Parteivorsitzenden gewählt. Er erhält 370 von 487 gültigen Stimmen bei 15 Enthaltungen. – Ein NATO-Flugzeug bombardiert unbeabsichtigt einen Zug auf einer Eisenbahnbrücke im Kosovo. Nach serbischen Angaben sterben dabei mindestens sieben Menschen.
13. Der ehemalige DDR-Ministerpräsident Willi Stoph (Archivbild vom November 1989) stirbt im Alter von 84 Jahren in einem Berliner Krankenhaus. Stoph war der letzte ostdeutsche Regierungschef der Ära Honecker und leitete im Oktober 1989 dessen Sturz durch das SED-Politbüro ein. – Der als „Dr. Tod" bekannte pensionierte Arzt Jack Kevorkian wird in Pontiac/Michigan wegen Totschlags zu einer mehrjährigen Haftstrafe verurteilt, weil er einem unheilbar Kranken eine Injektion gegeben hatte, die zum Herzstillstand führte. Nach eigenen Angaben hat Kevorkian mindestens 130 Menschen beim Selbstmord unterstützt.
14. Versehentlich bombardiert die NATO einen Flüchtlingstreck im Kosovo. Dabei sterben 75 Menschen (S. 66). – Ein von Deutschland vorgelegter Friedensplan für das Kosovo unter Einbeziehung Russlands und der UNO wird auf dem EU-Sondergipfel in Brüssel erörtert, zu dem UN-Generalsekretär Kofi Annan anreist (S. 66).
15. Der frühere algerische Außenminister Abdelaziz Bouteflika erhält bei den Präsidentschaftswahlen nach dem offiziellen Ergebnis 73,79% der Stimmen. Die sechs Gegenkandidaten hatten am Tag vor der Wahl wegen angeblicher Manipulationen durch den Staatsapparat ihre Bewerbung unter Protest niedergelegt. Trotzdem liegt die Wahlbeteiligung über 60%.
18. Aus den vorgezogenen Parlamentswahlen in der Türkei geht die Demokratische Linkspartei des amtierenden Ministerpräsidenten Bülent Ecevit als stärkste Kraft hervor.
19. Der Sitz des Bundestags wird offiziell von Bonn nach Berlin verlegt (S. 65).
20. Zwei amerikanische Jugendliche richten in ihrer Schule in Littleton/Colorado ein Blutbad an (S. 68). – Einen ungewöhnlichen „Parkplatz" findet ein Kölner Autofahrer: Beim Abbiegen rutscht sein Fahrzeug am Autobahnkreuz Hilden auf eine Leitplanke und bleibt dort liegen (Foto). – In Anerkennung für seine politische Leistung in Europa und der Welt erhält Ex-Bundeskanzler Helmut Kohl die Freiheitsmedaille, die höchste zivile Auszeichnung der USA. – Das vom Flüchtlingsstrom aus dem benachbarten Kosovo überforderte Makedonien wendet sich mit einem dringenden Hilfeappell an die Staatengemeinschaft. Mehr als 3000 Flüchtlinge müssen bei Regen und Kälte im Niemandsland ausharren, da die Lager in Makedonien nach Angaben aus Skopje überfüllt sind.
21. Eine originelle Werbemaßnahme hat sich die New Covent Garden Soup Company ausgedacht: Geschäftsführer Simon Bell setzt sich mit einer aus Gras, Obst und Gemüse ge-

20.4.

23.4.

21.4.

fertigten Figur an den Straßenrand (Foto). – Ein Hochhaus in der Belgrader Innenstadt, in dem die Büros der Sozialistischen Partei untergebracht sind, wird von drei NATO-Raketen getroffen und zerstört.

22. Der russische Balkan-Beauftragte Viktor Tschernomyrdin unterbreitet der Belgrader Führung Vorschläge für eine Lösung des Kosovokonflikts, doch Präsident Milosevic lehnt die von der NATO geforderte bewaffnete internationale Schutztruppe im Kosovo weiterhin ab.

23. In einer dreitägigen Zeremonie feiert die NATO in Washington den 50. Jahrestag ihrer Gründung. Das dabei verabschiedete neue strategische Konzept der Allianz sieht als neue Aufgaben u.a. friedenserhaltende Einsätze auch außerhalb des NATO-Bereichs vor (Foto: Generalsekretär Javier Solana). – Katja Seizinger erklärt ihren Rücktritt vom alpinen Skisport (S. 70). – Bei einem gezielten NATO-Angriff auf die Zentrale des staatlichen serbischen Fernsehens in Belgrad sterben 16 Menschen.

26. Die EU verhängt im Zusammenhang mit dem Kosovokrieg ein Einreiseverbot gegen den jugoslawischen Präsidenten Slobodan Milosevic, seine Familie und ihm nahestehende Geschäftsleute. Guthaben auf EU-Konten von Unternehmen, die der Führung in Belgrad verbunden sind, werden eingefroren.

28. Der jugoslawische Vizepremier Vuk Draskovic wird nach kritischen Äußerungen über die Belgrader Führung aus der Regierung entlassen.

29. Die EU beschließt ein Ölembargo gegen Jugoslawien.

30. Einem Bombenanschlag auf ein Schwulenlokal in London fallen drei Menschen zum Opfer (S. 68).

8.5.

MAI 1999

2. Auf Vermittlung des amerikanischen Politikers Jesse Jackson in Belgrad kommen drei Ende März an der Grenze zwischen Makedonien und dem Kosovo gefangen genommene US-Piloten frei.
3. Wirbelstürme über den US-Bundesstaaten Oklahoma und Kansas fordern 49 Menschenleben (S. 74). – Der ehemalige „Frauensender" tm3 des australischen Medienmoguls Rupert Murdoch erhält ab September 1999 die Übertragungsrechte für die Spiele der Fußball-Champions-League.
5. Die vier großen Kühltürme des ehemaligen Braunkohle-Kraftwerks Hagenwerder bei Görlitz werden gesprengt (Foto). – Mit großer Mehrheit stimmt das Europaparlament in Straßburg für den Italiener Romano Prodi als neuen EU-Kommissionspräsidenten. – Beim Absturz eines US-Kampfhubschraubers vom Typ Apache in Albanien werden die beiden Besatzungsmitglieder getötet. Sie sind die ersten Todesopfer auf Seiten der NATO seit Beginn des Kosovokrieges. – Der gemäßigte Politiker der Kosovo-Albaner, Ibrahim Rugova, trifft überraschend in Italien ein, nachdem Belgrad seiner Ausreise zugestimmt hat. – US-Präsident Bill Clinton kommt zu einem zweitägigen Besuch nach Deutschland, um die hier stationierten US-Soldaten zu besuchen.
6. Die G-8-Außenminister einigen sich bei einem Treffen in Bonn auf Grundzüge einer Friedenslösung für das Kosovo (S. 72). – Die ersten homosexuellen Paare machen von der in Hamburg gegebenen Möglichkeit Gebrauch, ihre Beziehung durch Eintrag in ein Partnerschaftsbuch amtlich beglaubigen zu lassen (S. 76).
7. US-Flugzeuge bombardieren die chinesische Botschaft in Belgrad. Dabei sterben drei Menschen. Die NATO spricht von einem tragischen Fehler in der Zielplanung (S. 72).
8. Ein Liverpooler Feuerwehrauto rast auf dem Weg zum Einsatzort in ein Wohnhaus. Der auf dem Sofa schlafende Hausbesitzer und drei Feuerwehrleute bleiben unverletzt, ein vierter muss im Krankenhaus behandelt werden (Foto).

5.5.

20.5.

0.5.

19.5.

27.5.

– Der britische Schauspieler Dirk Bogarde, der u.a. in Fellinis Thomas-Mann-Verfilmung „Tod in Venedig“ beeindruckte, stirbt im Alter von 78 Jahren in London.
9. Zu einer Begegnung im Zeichen der Ökumene kommt es in Bukarest zwischen dem orthodoxen Patriarchen Teoktist und Papst Johannes Paul II. (S. 76). – Am vorletzten Spieltag der Bundesliga steht Bayern München als Deutscher Fußballmeister 1999 fest (S. 78). – 48-jährig erliegt der DDR-Bürgerrechtler und Schriftsteller Jürgen Fuchs in Berlin einem Krebsleiden.
10. US-Hauptmann Richard Ashby (Foto), der mit seinem Flugzeug im Februar 1998 das Kabel einer Seilbahn im italienischen Cavalese durchtrennte und damit den Tod von 20 Menschen herbeiführte, wird wegen Rechtsbehinderung zu sechs Monaten Gefängnis verurteilt und aus der Marineinfanterie entlassen. Er hat daran mitgewirkt, dass eine Videoaufnahme vom Unglücksflug vernichtet wurde. – Beim Abwurf von NATO-Bomben auf ein Industriegebiet der serbischen Ortschaft Cacak sterben vier Zivilisten (S. 72).
13. Auf einem Sonderparteitag der Bündnisgrünen in Bielefeld billigt die Mehrheit der Delegierten den Kurs der Bundesregierung im Kosovokrieg (S. 73). – Bei einem NATO-Angriff auf Korisa im Kosovo kommen mindestens 79 Zivilisten – vornehmlich Flüchtlinge – ums Leben. Die NATO bestätigt den Vorfall und erklärt, die Getöteten seien von den Serben als „menschliche Schutzschilde“ missbraucht worden, da in der Ortschaft Truppen stationiert gewesen seien.
15. Ernst Mosch, Gründer und langjähriger Leiter der „Original Egerländer Musikanten“, stirbt 73-jährig in Germaringen/Allgäu.
16. Ein 36-Jähriger richtet im deutsch-französischen Grenzgebiet ein Blutbad mit fünf Toten und elf Verletzten an und nimmt sich anschließend das Leben.
17. Die israelische Bevölkerung wählt Ehud Barak von der Arbeitspartei zum Ministerpräsidenten. Bei der gleichzeitig abgehaltenen Parlamentswahl erhält sein Parteienbündnis die meisten Stimmen (S. 75).
19. Sieben Tage nach der Entlassung des russischen Ministerpräsidenten Jewgeni Primakow durch Präsident Boris Jelzin wird der von ihm als Nachfolger vorgeschlagene Sergei Stepaschin (Foto) von der Duma bestätigt.
20. Der amerikanische Abenteurer Robbie Knievel „springt“ mit einem Motorrad über den Grand Canyon im Bundesstaat Arizona. Mit seinem rund 68 Meter weiten Sprung (Foto) stellt er einen neuen Weltrekord auf, erleidet allerdings bei der Landung Verletzungen.
21. Die im Vormonat angekündigte Fusion von Deutscher Telekom und Telecom Italia scheitert, da es dem italienischen Olivetti-Konzern gelungen ist, sich in einer feindlichen Übernahme 51,02% der Aktien der Telecom Italia zu sichern. – Nach dem Bundestag billigt auch der Bundesrat das Gesetz zur Reform des Staatsbürgerschaftsrechts, das zum 1. Januar 2000 in Kraft tritt. Dann bekommen in Deutschland geborene Kinder von Ausländern die doppelte Staatsbürgerschaft. Sie müssen sich jedoch bis zum 23. Lebensjahr für einen Pass entscheiden. Außerdem werden die Einbürgerungsfristen für Erwachsene verkürzt. Ursprünglich wollte die rot-grüne Regierungskoalition eine generelle Hinnahme der doppelten Staatsbürgerschaft durchsetzen, sie musste sich jedoch wegen der Mehrheitsverhältnisse im Bundesrat mit der nun verabschiedeten Fassung zufrieden geben, die wesentlich von der FDP geprägt ist.
23. Johannes Rau wird von der Bundesversammlung in Berlin zum Bundespräsidenten gewählt (S. 71). – Bei einer durch starke Regenfälle ausgelösten Hochwasserkatastrophe an der Donau und ihren Nebenflüssen sterben in Bayern sechs Menschen.
24. Mit einem Staatsakt im Berliner Reichstag wird das 50-jährige Bestehen der Bundesrepublik gefeiert.
26. Bayern München unterliegt im Finale der Champions League in Barcelona Manchester United 1:2 (S. 78).
27. Aktien des Flensburger Erotik-Versandkonzerns Beate Uhse AG werden erstmals an der Börse gehandelt (Foto: Gründerin und Chefin Beate Rothermund mit zwei Mitarbeiterinnen im Frankfurter Börsensaal). – Das internationale Kriegsverbrechertribunal in Den Haag klagt den jugoslawischen Präsidenten Slobodan Milosevic und vier führende serbische Politiker wegen im Kosovo begangener Kriegsverbrechen an.
28. Nach Abschluss der Restaurierungsarbeiten ist das Wandgemälde „Das Letzte Abendmahl“ von Leonardo da Vinci wieder der Öffentlichkeit zugänglich (S. 77).
29. Zwölf Personen kommen durch einen Brand im Tauerntunnel (Österreich) ums Leben (S. 77).
30. Bei einer Massenpanik nach einem Konzert in der weißrussischen Hauptstadt Minsk sterben mindestens 52 Menschen, als 2500 Jugendliche in einer U-Bahn-Station wegen eines heftigen Gewitters Schutz suchen.

6.6.

7.6.

12.6.

JUNI 1999

2. Bei den Parlamentswahlen in Südafrika verfehlt der regierende Afrikanische Nationalkongress ANC knapp die Zweidrittelmehrheit der Mandate (S. 82). – Wegen dioxinverseuchter Futtermittel verhängt die EU ein Verkaufsverbot für Hühner und Eier aus Belgien (S. 83).

3. Der jugoslawische Präsident Slobodan Milosevic und das Parlament in Belgrad billigen den unter Beteiligung Russlands ausgearbeiteten Friedensplan für das Kosovo und erklären sich zum Rückzug serbischer Einheiten aus der Provinz bereit (S. 79). – Auf ihrem Gipfeltreffen in Köln verständigen sich die EU-Staats- und Regierungschefs auf Grundzüge einer gemeinsamen Außen- und Sicherheitspolitik (S. 87).

4. Der Zusammenschluss zwischen der Deutschen Bank und dem US-Institut Bankers Trust wird offiziell vollzogen. Damit entsteht die größte Bank der Welt.

5. Das Musical „Der Glöckner von Notre Dame" hat in Berlin Premiere (S. 88). – Im Finale der French Open in Paris schlägt der deutsche Tennisstar Steffi Graf die Schweizerin Martina Hingis (S. 90). – Die evangelisch-lutherische Landessynode Hannover wählt die 41-jährige Marta Käßmann zur Bischöfin. Sie ist die zweite Frau im evangelischen Bischofsamt. – Papst Johannes Paul II. stattet seiner polnischen Heimat den achten Besuch während seines Pontifikats ab. Millionen nehmen an den Messen teil, die das Oberhaupt der katholischen Kirche während seines bis zum 17. Juni dauernden Aufenthalts in Polen unter freiem Himmel und in Gotteshäusern zelebriert.

6. Bei den Bürgerschaftswahlen in Bremen bestätigen die Bürger die regierende große Koalition: Die SPD kommt auf 42,6% (+9,2) der Stimmen und bleibt stärkste Kraft, die CDU erreicht mit 37,1% (+4,5) das beste Ergebnis nach dem Krieg. Trotz Verlusten gelingt den Grünen mit 9,0% (–4,1) sicher der Einzug in das Landesparlament. Als vierte Partei ist dort die rechtsextreme DVU vertreten, die zwar landesweit nur 3,0% erreicht, in Bremerhaven aber die Fünf-Prozent-Hürde überspringt. Foto: Bürgermeister Henning Scherf (SPD) freut sich mit Bundeskanzler Gerhard Schröder über den Wahlerfolg. – 334 Inhaftierten gelingt der Ausbruch aus einer Hochsicherheitsanstalt im brasilianischen Bundesstaat São Paulo. Sie entkommen durch das Haupttor. Die Gefängnisleitung wird des Amtes enthoben, ein ranghoher Wärter unter dem Vorwurf der Hilfeleistung beim Ausbruch festgenommen.

7. In Indonesien finden erstmals seit 40 Jahren freie Wahlen statt. Ein Jahr nach dem Sturz des diktatorisch regierenden Präsidenten Suharto verläuft der Wahltag friedlich und ohne schwere Zwischenfälle. Siegerin wird die Demokratische Partei des Kampfes (PDI-I) unter Oppositionsführerin Megawati Sukarnoputri vor der bisher regierenden Golkar-Partei von Präsident Bacharuddin Jusuf Habibie (Foto bei der Stimmabgabe, mit seiner Frau Ainun Hasri).

8. Bundeskanzler Gerhard Schröder und der britische Premierminister Tony Blair legen in London ein gemeinsames Grundsatzpapier von SPD und Labour Party vor. Das Schröder-Blair-Papier unterstreicht die Notwendigkeit einer umfassenden Modernisierung der sozialdemokratischen Politik in Europa und spricht sich für eine steuerliche Entlastung der Unternehmen, solide Staatsfinanzen, mehr Flexibilität auf den Arbeitsmärkten und eine „Straffung" sozialer Leistungen aus.

9. Die Justizminister der Bundesländer billigen den von Bundesjustizministerin Herta Däubler-Gmelin (SPD) vorgelegten Entwurf für die größte Justizreform in Deutschland seit 1879. Mit der Neuordnung der Zuständigkeiten und des Aufbaus der Gerichte sollen diese entlastet und den Bürgern zugleich mehr Rechtsschutz geboten werden.

10. Die serbischen Sicherheitskräfte beginnen ihren Rückzug aus dem Kosovo, der UN-Sicherheitsrat billigt die von den G-8-Staaten ausgearbeitete Resolution zur Beendigung des Kriegs auf dem Balkan (S. 79). – Die internationale Balkankonferenz in Köln verabschiedet den von der EU vorgelegten Stabilitätspakt für Südosteuropa. Er sieht ein langfristiges Engagement der Staatengemeinschaft beim Aufbau und bei der Festigung von Demokratie und Marktwirtschaft sowie die Herstellung innerer und äußerer Sicherheit in der Region vor. Jugoslawien soll über direkte humanitäre Hilfe hinaus nur unter der Voraussetzung Unterstützung erhalten, dass Präsident Slobodan Milosevic abgelöst wird. – Die G-8-Staaten richten einen Appell an Indien und Pakistan, die im Mai begonnenen Auseinandersetzungen in der Grenzregion Kaschmir umgehend zu beenden. Indien fliegt Luftangriffe auf pakistanische Söldner, die nach Darstellung aus Neu-Delhi auf indisches Staatsgebiet vorgedrungen sind.

11. Mit breiter Mehrheit – nur die PDS-Fraktion stimmt dagegen – billigt der Bundestag die Aufstockung des deutschen Kontingents der Kfor-Truppe auf 8500 Mann (S. 79).

12. Russische Soldaten, die zur Sfor-Friedenstruppe in Bosnien gehören, marschieren

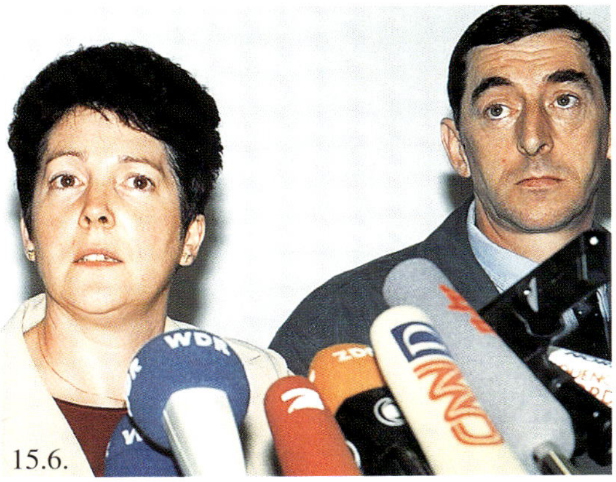

15.6.

17.6.

24.6.

in der Nacht ohne Absprache mit der NATO in der Hauptstadt des Kosovo, Pristina, ein und besetzen den dortigen Flughafen (S. 81). Am Tage rücken die ersten Kfor-Soldaten von Albanien aus in das Kosovo ein. Einheiten der Bundeswehr übernehmen den ihnen zugewiesenen Sektor im Südwesten der Provinz. – Durch ein 5:4 im Elfmeterschießen gewinnt Werder Bremen das Finale um den DFB-Pokal in Berlin gegen Bayern München. Foto: Werder-Torwart Frank Rost bei der Siegesfeier.

13. Bei den Europawahlen wird die Fraktion der konservativen Parteien stärkste Kraft im Europäischen Parlament. In Deutschland legen die Unionsparteien fast zehn Prozentpunkte zu und kommen auf 48,7%, während die SPD nur 30,7% erreicht (S. 83). – Zwei „Stern"-Reporter werden im Kosovo von Heckenschützen erschossen. Auch ihr Dolmetscher wird tödlich verletzt. – Bei Kommunalwahlen in sechs Bundesländern kann die CDU ihre Vormachtstellung ausbauen und erobert einige Hochburgen der SPD. Diese wird in Thüringen nur drittstärkste Partei hinter CDU und PDS. – Verlierer der Parlamentswahlen in Belgien sind die regierenden Christdemokraten und Sozialisten, die nicht genügend Stimmen für eine Neuauflage ihrer Koalition erhalten. Es kommt zu einem Regierungsbündnis aus Liberalen, Sozialisten und Grünen.

14. Das südafrikanische Parlament wählt ANC-Chef Thabo Mbeki als Nachfolger von Nelson Mandela zum Präsidenten des Landes (S. 82).

15. Im Landgericht Essen geben der französische Gendarm Daniel Nivel und seine Ehefrau Lorette (Foto) eine Pressekonferenz. Am Rande des im Mai eröffneten Hooligan-Prozesses fordert die Ehefrau eine harte Bestrafung der Täter, die ihren Ehemann bei einem Überfall im französischen Lens 1998 so schwer verletzt haben, dass er schwerhörig, auf einem Auge blind und in seinem Sprach- und Orientierungsvermögen massiv eingeschränkt ist. „Diese Menschen haben unser Leben zerstört", erklärt Lorette Nivel.

16. Im Beisein von Bundespräsident Roman Herzog wird in Stuttgart der 28. Deutsche Evangelische Kirchentag eröffnet, der unter dem Motto „Ihr seid das Salz der Erde" steht.

17. Im Streit um die Beratung schwangerer Frauen fordert Johannes Paul II. die katholische Kirche in Deutschland unmissverständlich auf, keine weiteren Beratungsscheine auszustellen, die staatlicherseits als Voraussetzung für eine straffreie Abtreibung gelten. Die Deutsche Bischofskonferenz reagiert auf das Schreiben mit dem Beschluss, in der Schwangerenkonfliktberatung zu verbleiben und die Beratungsscheine künftig mit einem Zusatz zu versehen, dass das Papier nicht Grundlage für eine Abtreibung sein dürfe. Da Bund und Länder den Zusatz als rechtlich unwirksam betrachten, können von der katholischen Kirche beratene Frauen weiterhin auf dieser Basis einen straffreien Schwangerschaftsabbruch durchführen lassen. Der Papst fordert daraufhin in einem weiteren Schreiben im September ultimativ den Ausstieg aus dem staatlichen Beratungssystem. Foto: Der Vorsitzende der Deutschen Bischofskonferenz, Karl Lehmann.

18. Russland verzichtet auf einen eigenen Sektor im Kosovo für seine 3600 Kfor-Soldaten (S. 81).

19. Der britische Prinz Edward ehelicht Sophie Rhys-Jones (S. 84).

20. NATO-Generalsekretär Javier Solana gibt den vollständigen Abzug jugoslawischer Einheiten aus dem Kosovo bekannt. Die kosovo-albanische Untergrundarmee UCK stimmt ihrer Entmilitarisierung innerhalb von 90 Tagen zu, hält sich aber nicht konsequent an das Abkommen (S. 81).

21. Karl Krolow, einer der bedeutendsten deutschen Lyriker des 20. Jahrhunderts, stirbt 84-jährig in Darmstadt.

23. Bundesfinanzminister Hans Eichel (SPD) legt dem Kabinett ein umfangreiches Sparpaket vor (S. 87). – Die Berliner Philharmoniker entscheiden sich für den Briten Sir Simon Rattle als ihren neuen Chefdirigenten ab dem Jahr 2002 (S. 88).

24. Die Bundesregierung teilt mit, dass Kanzleramtsminister Bodo Hombach (Foto) aus dem Kabinett ausscheiden wird. Bundeskanzler Gerhard Schröder schlägt Hombach in einem Schreiben an seine EU-Kollegen als Sonderkoordinator für den Stabilitätspakt in Südosteuropa vor und erhält am 29. Juni dafür die Zustimmung.

25. Der Bundestag entscheidet sich nach langjähriger Debatte über das Holocaust-Mahnmal für den Entwurf des Architekten Peter Eisenman (S. 88).

27. Bei einem Sprengstoffanschlag auf eine Gaststätte in Merseburg werden 20 Menschen verletzt. Hintergrund für das Verbrechen sind Auseinandersetzungen im Rotlichtmilieu. – Der Schauspieler Siegfried Lowitz, bekannt als Kommissar Köster aus der ZDF-Krimiserie „Der Alte", stirbt 84-jährig in München.

29. Abdullah Öcalan, Chef der kurdischen Arbeiterpartei, wird von einem türkischen Staatssicherheitsgericht zum Tode verurteilt (S. 82).

30. Boris Becker erklärt seinen Abschied vom aktiven Tennis (S. 90).

1.7.

8.7.

8.7.

JULI 1999

1. Der Bundestag kommt zu seiner letzten Sitzung in Bonn zusammen (Foto: Die CDU-Abgeordneten Willy Wimmer und Wolfgang Dehnel halten die Erinnerung im Bild fest, vorn der CDU-Parlamentarier Günter Nooke). Danach beginnt der große Umzug nach Berlin (S. 91). – Am Pic de Bure in den französischen Alpen stürzt eine Seilbahn-Gondel ab und reißt alle 20 Insassen in den Tod. – Forrest Mars, der Erfinder des nach ihm benannten Schokoriegels, stirbt 95-jährig in Miami.

6. Das Bundesinstitut für Arzneimittel und Medizinprodukte in Berlin lässt die Abtreibungspille Mifegyne (RU 468) – trotz schwerer Bedenken vor allem aus den Reihen der katholischen Kirche – für den Verkauf in Deutschland zu. – Das Bundesverfassungsgericht in Karlsruhe erklärt die Hennenhaltungs-Verordnung von 1987 wegen der darin zugelassenen engen Käfigbatteriehaltung für nichtig, da sie gegen das Tierschutzgesetz verstoße. Ab sofort dürfen keine neuen Hühnerfarmen mit Legebatterien mehr errichtet werden.

7. Die Bürgerkriegsgegner im afrikanischen Staat Sierra Leone unterzeichnen ein Friedensabkommen, das den seit acht Jahren anhaltenden blutigen Konflikt beenden soll. Der Vertrag sieht eine Regierungsbeteiligung der RUF-Rebellen vor, die wegen ihrer Brutalität besonders gefürchtet sind. In dem Bürgerkrieg, der vor allem um den Zugriff auf Diamanten und Edelhölzer geführt wurde, starben mehr als 120 000 Menschen.

8. Glimpflich verläuft ein Brand, der auf der Fahrt von Kiel nach Oslo kurz vor Göteborg im Maschinenraum der Ostseefähre „Prinsesse Ragnhild" ausbricht: Alle 1167 Passagiere können unverletzt von Bord geholt werden. Eine 70-jährige Norwegerin, die bei der fünfstündigen Rettungsaktion eine Herzattacke erleidet, stirbt später in einem Krankenhaus in Göteborg. Foto: Die manövrierunfähige „Prinsesse Ragnhild" der norwegischen Color Line wird etwa zehn Seemeilen vor der schwedischen Küste bei Göteborg abgeschleppt. – Im Iran demonstrieren Studenten gegen ein am Vortag verabschiedetes restriktives Pressegesetz, das ein Verbot mehrerer Zeitungen zur Folge hat. Betroffen ist auch das Blatt „Salam", das dem liberalen Staatspräsidenten Mohammed Chatami nahe steht. Bei Zusammenstößen mit der Polizei werden am Tag darauf sechs Studenten erschossen, woraufhin die Proteste zunächst noch zunehmen, bis die Anführer der Studenten nach Drohungen der Staatsführung, die Auseinandersetzungen könnten eine Entmachtung des Präsidenten zur Folge haben, Mitte des Monats zur Mäßigung aufrufen. Foto: Demonstrierende Studentin mit einem Foto von Revolutionsführer Chomeini.

9. Die EU erhebt vor dem Europäischen Gerichtshof Klage gegen ihren Kommissar Martin Bangemann, um eine Aberkennung seiner Pensionsansprüche in Höhe von 14 000 DM monatlich zu erreichen. Bereits am 1. Juli ist der innerhalb der EU-Kommission u.a. für Fragen der Telekommunikation zuständige Bangemann wegen seiner Absicht, in den Vorstand des spanischen Telefonkonzerns Telefonica zu wechseln, beurlaubt worden (S. 94). – Der designierte EU-Kommissionspräsident Romano Prodi stellt in Brüssel seine neue Mannschaft vor. Deutschland ist durch Günter Verheugen (SPD) und Michaele Schreyer (Bündnisgrüne) vertreten. Die beiden Politiker sollen die Zuständigkeit für die Bereiche Osterweiterung bzw. Haushalt erhalten.

10. In Berlin nehmen 1,5 Millionen Techno-Fans – mehr als je zuvor – an der Love Parade teil (S. 94). – Theodor Eschenburg, einer der angesehensten deutschen Politologen, stirbt im Alter von 94 Jahren in Tübingen. Der Staatsrechtslehrer hatte nach Kriegsende wesentlichen Anteil am institutionellen Aufbau der Bundesrepublik Deutschland.

11. Beim Formel-1-Rennen um den Großen Preis von England in Silverstone erleidet Ferrari-Pilot Michael Schumacher einen schweren Unfall (S. 96).

12. Der Kurs des Euro fällt auf den historischen Tiefstpunkt von 1,0124 Dollar. Damit ergibt sich ein Kurs des Dollars zur D-Mark von 1,9319.

14. Die EU-Kommission hebt das Exportverbot für britisches Rindfleisch auf, das im März 1996 wegen des Verdachts einer möglichen Übertragung der Rinderseuche BSE auf den Menschen verhängt worden war. Nur Deutschland hatte sich gegen eine Aufhebung ausgesprochen, muss aber nun wie alle anderen EU-Länder ab dem 1. August wieder britisches Fleisch ins Land lassen.

15. Die von Friedensnobelpreisträger David Trimble geführte Ulster Unionist Party, die größte protestantische Partei in Nordirland, boykottiert die Parlamentssitzung in Belfast, auf der eine Regionalregierung für die britische Provinz Ulster gebildet werden sollte. Zur Erklärung ihrer Verweigerungshaltung, die den nordirischen Friedensprozess in eine schwere Krise stürzt, verweist die Partei darauf, dass die IRA nicht zur sofortigen Abgabe ihrer Waffen bereit sei. Vermittlungsbemühungen des britischen Premiers Tony Blair und

20.7.

25.7.

seines irischen Amtskollegen Bertie Ahern blieben erfolglos (S. 92).

16. John F. Kennedy junior, der 38-jährige Sohn des 1963 ermordeten amerikanischen Präsidenten, kehrt von einem Ausflug mit seinem Privatflugzeug, den er mit seiner Frau Carolyn und seiner Schwägerin Lauren Bessette unternahm, nicht zurück. Fünf Tage später werden die Leichen aus dem Atlantik geborgen (S. 93).

20. Das am 13. Juni (S. 83) neu gewählte Europaparlament kommt zu seiner konstituierenden Sitzung in Straßburg zusammen. Es tagt erstmals in dem neuen, am Ufer des Flüsschens Ill gelegenen Parlamentsgebäude (Foto). – Prinzessin Caroline von Monaco bringt im österreichischen Vöcklabruck sechs Monate nach ihrer Hochzeit mit Prinz Ernst August von Hannover (S. 36) ihr viertes Kind, eine Tochter, zur Welt

22. In Istanbul werden die Schwimm-Europameisterschaften eröffnet. Erfolgreichste deutsche Teilnehmerin ist die Hamburgerin Sandra Völker (S. 96). – Bundeskanzler Gerhard Schröder ernennt den FDP-Ehrenvorsitzenden Otto Graf Lambsdorff zum neuen Beauftragten der „Stiftungsinitiative deutscher Unternehmen: Erinnerung, Verantwortung und Zukunft". Als Nachfolger von Bodo Hombach führt nun Lambsdorff mit Vertretern der Opfer Verhandlungen über die Entschädigung von Zwangsarbeitern, die während des Zweiten Weltkriegs von deutschen Firmen beschäftigt wurden. – Nach tagelangen Demonstrationen von Anhängern der Falun Gong in mehreren chinesischen Städten wird die Kultbewegung landesweit verboten. Allein in Peking werden mehr als 2000 Personen vorübergehend festgenommen.

23. König Hassan II. von Marokko, einer der dienstältesten Monarchen der Welt, stirbt im Alter von 70 Jahren in Rabat (S. 92). – Im Kosovo werden nahe der Ortschaft Gracko 14 serbische Bauern beim Einbringen der Ernte vermutlich von Kosovo-Albanern erschossen. Mehr als die Hälfte der ehemals 190 000 Serben im Kosovo hat nach Angaben des UNHCR bis Mitte Juli aus Furcht vor Übergriffen die Provinz verlassen.

25. Als zweiter amerikanischer Radprofi nach Greg LeMond gewinnt der 27-jährige Lance Armstrong (Foto), der gerade eine Hodenkrebs-Erkrankung überwunden hat, die Tour de France. Telekom-Kapitän Erich Zabel verteidigt zum vierten Mal das Grüne Trikot des besten Sprinters. Der Toursieger von 1997, Jan Ullrich, hatte seine Teilnahme an der Frankreich-Rundfahrt wegen einer Knieverletzung abgesagt.

27. Bei einem Canyoning-Unfall in der Schweiz sterben 27 Abenteuer-Urlauber (S. 94).

30. Staats- und Regierungschefs aus 29 Staaten kommen in Sarajevo zusammen, um einen Stabilitätspakt mit umfangreichen Wirtschaftshilfen für die Balkanregion zu verabschieden. – Die deutsche Fußball-Nationalmannschaft scheidet beim Confederations Cup in Guadalajara nach einer 0:2-Niederlage gegen die USA aus. – Die Fluggesellschaften KLM und Alitalia schließen einen weit reichenden Kooperationsvertrag, der in weniger als drei Jahren auf eine Fusion zur größten europäischen Fluggesellschaft hinauslaufen könnte. Die niederländische und die italienische Fluglinie legen ihr Passagier- und ihr Frachtgeschäft zusammen.

31. Die US-Raumsonde Lunar Prospector mit der Asche des Astronomen und Geologen Eugene Shoemaker an Bord prallt gezielt auf die Oberfläche des Mondes. Shoemaker, der 1997 bei einem Autounfall ums Leben kam, ist der erste Mensch, der eine „Mondbestattung" erhält. Mit Hilfe der Sonde wollen Wissenschaftler der NASA den Nachweis führen, dass es Wasser auf dem Erdtrabanten gibt.

2.8.

4.8.

13.8.

16.8.

AUGUST 1999

1. In Berlin, Halle und Dessau öffnen Kaufhäuser und Einzelhandelsgeschäfte auch an diesem Sonntag ihre Pforten (S. 99). – Die deutschsprachigen Nachrichtenagenturen und die meisten Zeitungen stellen ihre Texte auf die neue Rechtschreibung um.
2. 303 Menschen sterben, als in Westbengalen (Indien) zwei Expresszüge frontal zusammenprallen. Einer der Züge war auf ein falsches Gleis gelenkt worden (Foto).
3. Das Vergabeverfahren für den Bau des Berliner Großflughafens Schönefeld ist rechtswidrig, da bei der Erteilung des Zuschlags an das Unternehmen Hochtief das Gebot der Neutralität und Gleichbehandlung verletzt worden ist. Dies stellt das Oberlandesgericht Brandenburg fest. Das Großprojekt muss nun neu ausgeschrieben werden. Der Baubeginn wird sich vermutlich um Jahre verzögern. – Der inhaftierte PKK-Chef Abdullah Öcalan ruft seine Rebellenarmee auf, den bewaffneten Kampf gegen die Türkei zum 1. September 1999 einzustellen.
4. Der britische Verteidigungsminister George Robertson (Foto) wird als Nachfolger des Spaniers Javier Solana zum Generalsekretär der NATO nominiert. – Queen Mum nimmt die Ehrenparade zu ihrem 99. Geburtstag ab (S. 102).
5. Die Harvard-Universität in Boston gibt bekannt, dass ein amerikanischer Musikwissenschaftler in Kiew den musikalischen Nachlass von Carl Philipp Emanuel Bach entdeckt hat. Das Konvolut ist Bestandteil eines 5000 Dokumente umfassenden Archivs der Berliner Sing-Akademie, das seit dem Zweiten Weltkrieg verschollen war. – Die jugoslawische Teilrepublik Montenegro schlägt vor, an die Stelle des derzeit bestehenden jugoslawischen Bundesstaates einen losen Zusammenschluss zwischen Serbien und Montenegro zu setzen. Ein entsprechender Beschluss der montenegrinischen Regierung soll demnächst im Parlament behandelt werden.
6. Ein von einer Afrikareise nach Deutschland zurückgekehrter 40-jähriger Kameramann aus Frankfurt an der Oder stirbt fünf Tage nach der Einlieferung in ein Berliner Krankenhaus an Gelbfieber. Es ist seit 1946 der erste Fall einer solchen Erkrankung in Deutschland.
8. Die Bundesanwaltschaft bestätigt die Festnahme zweier Personen, die u.a. bei der Rüstungsfirma Dasa für Russland spioniert haben sollen. – Russische Truppen starten mit Raketenangriffen und unter Einsatz von Artillerie eine Großoffensive gegen mehrere hundert islamische Extremisten in der Kaukasus-Republik Dagestan.
10. Die serbisch-orthodoxen Bischöfe fordern den jugoslawischen Präsidenten Slobodan Milosevic in einer öffentlichen Erklärung zum Rücktritt auf.
11. Über Mitteleuropa ist eine totale Sonnenfinsternis zu beobachten (S. 97).
13. In der Nähe der dänischen Insel Bornholm bilden sich über der Ostsee sieben Wasserhosen (Foto). – Der Vorsitzende des Zentralrats der Juden in Deutschland, Ignatz Bubis, stirbt 72-jährig in Frankfurt am Main (S. 99). – Auf einer Pressekonferenz in Heidelberg erklärt Steffi Graf ihren sofortigen Rücktritt vom Profi-Tennissport.
14. Die Bundesliga startet in die neue Saison. Der Hamburger Sportverein wartet mit einem Stadionneubau auf (S. 102). – Der dänische Thronfolger Frederik und die schwedische Kronprinzessin Viktoria weihen die 7,8 km lange Brücke über den Öresund ein, die beide Länder miteinander verbindet.
16. Eine Woche nachdem Russlands Präsident Boris Jelzin Regierungschef Sergei Stepaschin entlassen hat, wählt die Duma Wladimir Putin (Foto) zum Ministerpräsidenten. Putin war früher Chef des Inlandsgeheimdienstes FSB und zuletzt Sekretär des Sicherheitsrates. Er kündigt an, dass er für die Präsidentenwahl im Jahr 2000 kandidieren wolle.
17. Dr. Reiner Klimke (Archivfoto aus dem Jahr 1991), sechsmaliger Olympiasieger und erfolgreichster Dressurreiter der Welt, stirbt in Münster an den Folgen eines Herzinfarkts. Er ist 63 Jahre alt geworden. – Mindestens 16 000 Menschen kommen bei einem schweren Erdbeben in der Südtürkei ums Leben (S. 98).
19. Monate nach seiner Flucht aus einer Haftanstalt wird der mehrfache Mörder Dieter Zurwehme von einem Passanten in Greifswald auf der Straße erkannt und wenig später von der Polizei festgenommen. – Wegen Beihilfe zur Vorbereitung eines Attentats wird der 27-jährige Deutsche Steven Smyrek von einem israelischen Gericht zu zehn Jahren Haft verurteilt. Er soll im Auftrag der libanesischen Hisbollah-Milizen einen Bombenanschlag in Israel vorbereitet haben.
20. 150 000 Menschen fordern bei einem Protestmarsch durch Belgrad den Rücktritt des jugoslawischen Präsidenten Slobodan Milosevic. Auf der zentralen Kundgebung sprechen Vertreter verschiedener Oppositionsgruppen.
22. Wegen Protesten der Bewohner muss die Stationierung russischer Kfor-Einheiten im Kosovo-Ort Orahovac verschoben werden (S. 98).
23. Das Präsidium der SPD beschließt, unter dem Vorsitz von Parteichef Gerhard Schrö-

17.8.

25.8.

24.8.

der bis zum Jahr 2002 ein neues Grundsatzprogramm zu erarbeiten. Damit soll der Richtungsstreit innerhalb der Partei in konstruktive Bahnen gelenkt werden. – Nach der Rückkehr aus dem Urlaub nimmt Bundeskanzler Gerhard Schröder seine Arbeit am neuen Regierungssitz in Berlin auf.

24. Das norwegische Kreuzfahrtschiff „Norwegian Dream" kollidiert im Ärmelkanal mit einem taiwanesischen Frachter. Dabei werden 24 Personen leicht verletzt (Foto).

25. Georg Thomalla (Archivfoto vom Februar 1997) ist tot: Der von Film, Fernsehen und Bühne bekannte Komiker und Schauspieler stirbt im Alter von 84 Jahren in einer Starnberger Klinik. Erfolge feierte Thomalla, der 1932 in Franz Lehárs Operette „Das Land des Lächelns" in Hamburg debütierte, vor allem in Boulevardkomödien und in TV-Serien, die ihm auf den Leib geschrieben waren („Komische Geschichten mit Georg Thomalla", 1969). Sein Markenzeichen war ein rasantes Sprechtempo. – Der serbische General Momir Talic wird auf Ersuchen des UN-Kriegsverbrechertribunals in Den Haag während eines Aufenthalts in Wien festgenommen – weder ihm noch den österreichischen Stellen, die ihn eingeladen hatten, war offenbar bekannt, dass ein internationaler Haftbefehl vorlag. Der Stabschef der Streitkräfte in der bosnischen Serbenrepublik ist unter den bisher festgenommenen mutmaßlichen Kriegsverbrechern der ranghöchste. Talic werden Verbrechen gegen die Menschlichkeit während des Bosnienkonflikts zur Last gelegt.

26. Bei den Leichtathletik-Weltmeisterschaften in Sevilla läuft der US-Amerikaner Michael Johnson einen Weltrekord über 400 m (S. 100). – Die russische Luftwaffe bombardiert in Tschetschenien mutmaßliche Stellungen von Terroristen.

27. Die letzte Besatzung verlässt die russische Raumstation „Mir" und kehrt zur Erde zurück. Wenn sich keine Sponsoren finden, soll die Station nach mehr als 13 Jahren fast ununterbrochener Nutzung im Frühjahr 2000 im Pazifik versenkt werden. – Der brasilianische Erzbischof Dom Helder Camara, bekannt als Beschützer der Armen und Verfolgten, stirbt 90-jährig in Recife. Camara war ein Sympathisant der „Befreiungstheologie", die das Evangelium politisch interpretiert und sich für sozialistische Ideale einsetzt. 1973 wurde der Geistliche mit dem Alternativen Nobelpreis ausgezeichnet.

29. Viermal Gold, viermal Silber und viermal Bronze – das ist die stolze Bilanz deutscher Sportlerinnen und Sportler bei den Leichtathletik-Weltmeisterschaften, die in Sevilla zu Ende gehen (S. 101). – Drei Monate nach der Brandkatastrophe im Tauerntunnel wird die wichtige Nord-Süd-Verbindung über die Alpen wieder für den Verkehr freigegeben.

30. Mehr als 450 000 Osttimoresen stimmen unter UNO-Aufsicht darüber ab, ob die ehemalige portugiesische Kolonie eine begrenzte Autonomie innerhalb Indonesiens oder die völlige Unabhängigkeit erhalten soll. Sie entscheiden sich mit 78,5% für die Unabhängigkeit, woraufhin proindonesische Milizen ein Blutbad auf der Inselhälfte anrichten (S. 107). – Die Hamburger Modedesignerin Jil Sander gibt den Verkauf der Mehrheit ihres Unternehmens an die italienische Prada-Gruppe bekannt. Jil Sander bleibt allerdings für Design und Styling der Produkte verantwortlich.

31. Die Rebellen im Kongo unterzeichnen in Sambia für den zentralafrikanischen Staat einen Friedensvertrag, der unter Vermittlung des sambischen Staatschefs Frederick Chiluba ausgehandelt worden ist. Die anderen Konfliktparteien haben bereits am 10. Juli ihre Unterschrift unter das Dokument gesetzt.

1.9.

1.9.

6.9.

SEPTEMBER 1999

1. Wachwechsel an der Spitze der Deutschen Bundesbank: Ernst Welteke (Foto links) löst Hans Tietmeyer (rechts) ab und ist fortan der oberste Währungshüter in Deutschland. – Bundespräsident Johannes Rau unternimmt eine Reise nach Polen. Anlass ist die 60. Wiederkehr des deutschen Überfalls auf das Nachbarland, mit dem der Zweite Weltkrieg begann. Am 3. September trifft auch Bundeskanzler Gerhard Schröder in Polen ein (Foto: Rau mit dem polnischen Präsidenten Aleksander Kwasniewski).
2. Vor dem Landgericht in Frankfurt am Main beginnt der dritte Prozess gegen Monika Böttcher, geborene Weimar. Sie ist erneut angeklagt, vor 13 Jahren ihre beiden Töchter getötet zu haben.
5. Der Friedensprozess im Nahen Osten kommt nach dem Regierungswechsel in Israel (S. 75) wieder in Gang. Der israelische Ministerpräsident Ehud Barak und Palästinenserpräsident Jassir Arafat unterzeichnen in Ägypten das Wye-II-Abkommen, das u.a. die Freilassung palästinensischer Häftlinge aus israelischen Gefängnissen und die Übergabe der Zivilkontrolle an die Palästinenser in weiteren Gebieten des Westjordanlandes vorsieht. Foto vom Vorabend der Vertragsunterzeichnung: US-Außenministerin Madeleine Albright im Gespräch mit Arafat. – Bei den Landtagswahlen im Saarland und in Brandenburg erleidet die SPD schwere Verluste (S. 104).
6. Der bayerische Ministerpräsident Edmund Stoiber macht seinen Justizminister Alfred Sauter (Foto) für Millionenverluste bei der Landeswohnungs- und Immobiliengesellschaft LWS verantwortlich. Da Sauter nicht freiwillig gehen will und die Entlassung als Minister ohne formelle Bestätigung durch den bayerischen Landtag nicht akzeptiert, kommt es zu einem Eklat. Sauter sieht sich in die Rolle des Sündenbocks gedrängt und beharrt auf einer Mitverantwortung Stoibers in der LWS-Affäre.
7. Ein schweres Erdbeben sucht die griechische Hauptstadt Athen heim (S. 108).
9. Ein Bombenattentat auf ein Wohnhaus in Moskau geht vermutlich auf das Konto von Rebellen aus dem Kaukasus (S. 106). – Wer Angst hat, den eigenen Hochzeitstag zu vergessen, der heiratet am heutigen Tag, dem 9.9.1999. Die Standesbeamten müssen Extra-Schichten einlegen, um die Eheschließungswünsche unzähliger Paare zu befriedigen. Foto: Der Frankfurter Bürgermeister Achim Vandreike schneidet auf dem Römerberg im Beisein frisch getrauter Paare die Hochzeitstorte an, die von der Frankfurter Konditoren-Innung spendiert worden ist. – Bundeskanzler Gerhard Schröder ernennt den noch amtierenden saarländischen Ministerpräsidenten Reinhart Klimmt zum Bundesbau- und -verkehrsminister. Klimmt ist Nachfolger von Franz Müntefering, den die SPD-Spitze für das neu zu schaffende Amt des Generalsekretärs der Partei nominiert hat.
12. Die Landtagswahl in Thüringen und die Kommunalwahlen in Nordrhein-Westfalen bescheren der SPD hohe Niederlagen (S. 104 f.). – Die indonesische Regierung stimmt der Stationierung einer UN-Friedenstruppe in Osttimor zu (S.107).
13. Erneut wird auf ein Wohnhaus in Moskau ein Bombenattentat verübt (S. 106).
14. Die Bundesregierung und der Aufsichtsrat der Deutschen Bahn AG berufen Bahnchef Johannes Ludewig vorzeitig ab. Sein Nachfolger soll ab dem 1. Januar 2000 der Heidelberger Unternehmer Hartmut Mehdorn werden. – Im Alter von 93 Jahren stirbt in Paris der international bekannte, aus Ungarn stammende Börsenexperte André Kostolany.
16. Ein Wohnhaus in der russischen Stadt Wolgodonsk ist das Ziel eines Sprengstoffanschlags (S. 106). – Der 43 Jahre alte Horst Ludwig Meyer, der als einer der letzten ehemaligen Angehörigen der Roten Armee Fraktion wegen mehrerer schwerer Straftaten auf der Fahndungsliste des Bundeskriminalamts steht, gerät in Wien mit seiner Komplizin Andrea Martina Klump in eine Polizeikontrolle und wird von Beamten erschossen. Die u.a. des Mordes an Alfred Herrhausen, dem Chef der Deutschen Bank, 1989 verdächtige Klump wird festgenommen. – Papst Johannes Paul II. fordert die deutschen Bischöfe in unmissverständlichen Worten brieflich auf, aus der staatlichen Schwangerenkonfliktberatung auszusteigen. Damit ist der im Juni (S. 133) gefundene Kompromiss zwischen Rom und der Deutschen Bischofskonferenz hinfällig. – Die in Pension gegangene deutsche Tennissportlerin Steffi Graf und ihr noch aktiver amerikanischer Kollege Andre Agassi sind ein Liebespaar, melden die Medien (S. 7).
17. Die neue EU-Kommission nimmt die Arbeit auf, da sie nach eingehender Befragung aller Kandidaten die Zustimmung des Europäischen Parlaments erhalten hat. Unter den 19 Kommissaren (Foto, mit Kommissionspräsident Romano Prodi, stehend) sind zwei Deutsche: die für Haushaltsfragen zuständige Bündnisgrüne Michaele Schreyer und der SPD-Politiker Günter Verheugen, der den Bereich EU-Erweiterung verantwortet.
19. Bei den Landtagswahlen in Sachsen verteidigt die CDU ihre absolute Mehrheit, während die Sozial-

5.9.

17.9.

9.9.

demokraten auf 10,7% abstürzen (S. 105).

20. Die ersten Soldaten einer UN-Friedenstruppe landen auf Osttimor (S. 107). – Raissa Gorbatschowa, Ex-First Lady der Sowjetunion, erliegt 67-jährig in einem Krankenhaus in Münster ihrem Krebsleiden (S. 109). – Der Volksschauspieler Willy Millowitsch stirbt 90-jährig in einer Kölner Klinik.

21. Taiwan wird von einem schweren Erdbeben erschüttert (S. 108).

24. Ungeachtet der Uneinigkeit unter den deutschen Bischöfen bestätigt die Herbstvollversammlung in Fulda den Vorsitzenden der Deutschen Bischofskonferenz, den Mainzer Karl Lehmann, in seinem Amt.

26. Die Aufsichtsräte der deutschen Mischkonzerne Veba und Viag stimmen einer Fusion beider Unternehmen zu. Durch den Zusammenschluss entsteht der drittgrößte deutsche Industriekonzern mit mehr als 200 000 Mitarbeitern und einem Jahresumsatz von knapp 150 Mrd. DM.

28. Die indonesische Regierung billigt nach massivem politischem Druck aus den USA eine vorzeitige Übernahme der zivilen Verwaltung auf Osttimor durch die Vereinten Nationen.

29. Bei einer Anti-Milosevic-Demonstration in Belgrad geht die Polizei mit Schlagstöcken gegen die Protestierenden vor (S. 108). – Der Publizist Johannes Gross, Vorstandsmitglied bei Gruner + Jahr und früherer Herausgeber der Zeitschrift „capital“, stirbt 67-jährig in Köln. Gross ist Fernsehzuschauern u.a. als Moderator der „Bonner Runde“ (bis 1984) und durch seine wiederholte Teilnahme am „Presseclub“ bekannt.

30. Günter Grass erhält den Literaturnobelpreis 1999 (S. 103). – Russische Bodentruppen marschieren in der Kaukasusrepublik Tschetschenien ein (S. 106). – In der japanischen Uranverarbeitungsanlage Tokai-Mura kommt es zu einem schweren Atomunfall (S. 107).

1.10.

2.10.

6.10.

7.10.

OKTOBER 1999

1. Mit der größten Militärparade in ihrer Geschichte feiert die Volksrepublik China den 50. Jahrestag ihres Bestehens (Foto).

2. Heinz G. Konsalik, einer der meistgelesenen deutschsprachigen Schriftsteller unserer Zeit, stirbt in seinem Haus in Salzburg an einem Schlaganfall. Konsalik, der mit dem Roman „Der Arzt von Stalingrad" Berühmtheit erlangte, wurde 78 Jahre alt. Weltweit wurden bis heute rund 84 Mio. Exemplare seiner in mehr als 40 Sprachen übersetzten Bücher verkauft (Archivfoto aus dem Jahr 1990).

3. Die Nationalratswahlen in Österreich bringen starke Gewinne für die FPÖ des Rechtspopulisten Jörg Haider (S. 113).

4. Auf Ibiza stirbt im Alter von 87 Jahren Emil Schumacher, einer der bekanntesten abstrakten Maler aus Deutschland.

5. Bei einem schweren Zugunglück in Paddington bei London sterben etwa 40 Menschen (S. 115). – Der französische Maler Bernard Buffet nimmt sich im Alter von 71 Jahren das Leben.

6. Bis zu 600 Menschen kommen bei einer Überschwemmungskatastrophe in Mexiko ums Leben (Foto aus Tulancingo, 85 km südlich von Mexiko-Stadt). – Der deutsche Radprofi Jan Ullrich wird Weltmeister im Zeitfahren (S. 116).

7. Der Sonderbeauftragte der deutschen Bundesregierung, Otto Graf Lambsdorff, legt ein erstes konkretes Angebot hinsichtlich der Entschädigungszahlungen deutscher Unternehmen für Menschen vor, die in der NS-Zeit Zwangsarbeit leisten mussten. Die von Lambsdorff genannte Summe von 6 Mrd. DM für 950 000 frühere Zwangsarbeiter (pro Person im Schnitt gut 6000 DM) wird von den Anwälten der Opferverbände mit Empörung aufgenommen. Foto: Otto Graf Lambsdorff (r.) und der US-amerikanische Regierungsunterhändler, der stellvertretende Finanzminister Stuart Eizenstat. – Der deutsche Bundestag stimmt der Entsendung von 100 Sanitätssoldaten der Bundeswehr nach Osttimor zu. Das Kontingent soll zunächst im australischen Darwin stationiert werden

11.10.

14.10.

(S. 107). – Bei den Parlamentswahlen in Indien wird die regierende Hindu-Partei bestätigt (S. 114).
8. Ein britisches Gericht gestattet die Auslieferung des früheren chilenischen Diktators Augusto Pinochet an Spanien. Er soll dort wegen schwerer Menschenrechtsverletzungen vor Gericht gestellt werden (S. 57).
10. Die CDU des regierenden Bürgermeisters Eberhard Diepgen gewinnt die Abgeordnetenhauswahl in Berlin (S.112).
11. Den Medizin-Nobelpreis 1999 erhält der gebürtige Deutsche Günter Blobel (Foto), der als Zellbiologe am Howard Hughes Medical Institute der Rockefeller University in New York tätig ist. Er erhält die Auszeichnung für seine Arbeiten zur Steuerung von Proteinen in Körperzellen. Weitere Preisträger sind die Niederländer Gerardus 't Hooft und Martinus Veltman (Physik), der Kanadier Robert A. Mundell (Wirtschaft) und der US-Amerikaner Ahmed Zewail (Chemie).
12. UN-Generalsekretär Kofi Annan begrüßt in Sarajevo den sechsmilliardensten Erdenbürger (S. 111).
13. Oskar Lafontaine stellt auf der Frankfurter Buchmesse sein Werk „Das Herz schlägt links" (S. 112) vor.
14. Mit einem Putsch entmachtet das pakistanische Militär die Regierung von Ministerpräsident Nawaz Sharif (S. 114). – Durch die Fusion der deutschen DaimlerChrysler Aerospace AG (Dasa) und der französischen Aérospatiale entsteht der weltweit drittgrößte Luft- und Raumfahrtkonzern. Foto: DaimlerChrysler-Chef Jürgen Schrempp, der Vorsitzende der französischen Aérospatiale, Jean-Luc Lagardère, Bundeskanzler Gerhard Schröder, der französische Premierminister Lionel Jospin und der französische Finanzminister Dominique Strauss-Kahn (v. l.) posieren vor dem Signet des neuen Unternehmens European Aeronautic, Defense and Space Company (EADS).
15. Der Friedensnobelpreis 1999 geht an die Organisation „Ärzte ohne Grenzen" (S. 113).
17. Beim Rennen um den Großen Preis von Malaysia erreicht Ferrari einen Doppelsieg. Die vorübergehende Disqualifikation wegen eines angeblich zu großen Windgleiters an den Wagen wird am 22. Oktober aufgehoben (S. 116). – Das größte Riesenrad der Welt wird in London aufgestellt (S. 116).
19. Ein offenbar geistig verwirrter Iraker entführt auf dem Flug von Istanbul nach Kairo eine Maschine der Egypt Air nach Hamburg. Der Anschlag geht glimpflich aus: Die 48 Passagiere kommen mit dem Schrecken davon, der Entführer wird von der Polizei überwältigt.
20. Neuer Staatspräsident von Indonesien ist der gemäßigte Muslimführer Abdurrahman Wahid (S. 115). – Die beratende Volksversammlung Indonesiens stimmt dem Volksentscheid für die Unabhängigkeit Osttimors (S. 107) zu.
21. Bei einem russischen Luftangriff auf die tschetschenische Hauptstadt Grosny werden bis zu 140 Menschen getötet (S. 106). – Die französische Schriftstellerin Nathalie Sarraute, eine der bedeutendsten Autorinnen des Nouveau Roman, stirbt 99-jährig in Paris. – Ein seit 20 000 Jahren im ewigen Eis Sibiriens eingefrorenes Mammut wird von einem internationalen Forscherteam in monatelanger Arbeit geborgen und per Hubschrauber nach Chatanga geflogen. Dort wird es in einer tiefgekühlten Höhle für weitere Forschungen gelagert.
22. Der Bundessicherheitsrat billigt die Lieferung eines Testpanzers vom Typ Leopard II an die Türkei. Die mit der ausschlaggebenden Stimme von Bundeskanzler Gerhard Schröder (SPD) getroffene Entscheidung wird vom grünen Koalitionspartner mit Empörung aufgenommen. Die Türkei will nach dem Test verschiedener Typen einen Auftrag über 1000 Panzer vergeben.
24. Bei den Parlamentswahlen in der Schweiz legt die rechtsnationale Schweizerische Volkspartei (SVP) kräftig zu und wird mit 22,6% der Stimmen stärkste Kraft. – Zu ihrem neuen Präsidenten wählen die Argentinier Fernando De la Rua vom Mitte-Links-Bündnis „Allianz". De la Rua setzt sich klar gegen den Peronisten Eduardo Duhalde durch.
26. Der Schlagersänger Rex Gildo erliegt im Alter von 63 Jahren in München den Verletzungen, die er sich drei Tage zuvor bei einem Selbstmordversuch zugezogen hat.
27. Im armenischen Parlament erschießen radikale Nationalisten Ministerpräsident Wasgen Sarkisjan, Parlamentspräsident Karen Demirtschjan und sechs weitere Politiker. Hintergrund ist vermutlich der Konflikt um die Exklave Berg-Karabach.
30. An den Folgen eines Wirbelsturms sterben in Indien etwa 10 000 Menschen.
31. Die katholische Kirche und der Lutherische Weltbund unterzeichnen eine gemeinsame Erklärung zur Rechtfertigungslehre, also zu der Frage, wie der Mensch Gnade vor Gott finden kann. Unterschiedliche Auffassungen dazu waren ein Grund für die Kirchenspaltung im 16. Jahrhundert. – Mika Häkkinen auf McLaren Mercedes ist Formel-1-Weltmeister 1999 (S. 116). – Beim Absturz einer Maschine der Egypt Air vor der amerikanischen Ostküste sterben alle 217 Insassen.

Das Sachregister erfasst nur bebilderte Meldungen.